追寻
教育突破之道

孙民云 著

ZHUIXUN
JIAOYU TUPO ZHI DAO

华东师范大学出版社
·上海·

图书在版编目（CIP）数据

追寻教育突破之道 / 孙民云著．
— 上海：华东师范大学出版社，2023
ISBN 978-7-5760-3930-6

I. ①追… Ⅱ. ①孙… Ⅲ. ①教育—随笔—中国—文集
Ⅳ. ① G52-53

中国国家版本馆 CIP 数据核字（2023）第 102802 号

大夏书系 | 教育新思考

追寻教育突破之道

著　者	孙民云
策划编辑	朱永通
责任编辑	韩贝多
责任校对	杨　坤
装帧设计	奇文云海 · 设计顾问
出版发行	华东师范大学出版社
社　址	上海市中山北路 3663 号　邮编 200062
网　址	www.ecnupress.com.cn
电　话	021-60821666　行政传真 021-62572105
客服电话	021-62865537
邮购电话	021-62869887
地　址	上海市中山北路 3663 号华东师范大学校内先锋路口
网　店	http://hdsdcbs.tmall.com/
印 刷 者	北京密兴印刷有限公司
开　本	700×1000　16 开
印　张	14.5
字　数	213 千字
版　次	2023 年 8 月第一版
印　次	2023 年 8 月第一次
印　数	6 100
书　号	ISBN 978-7-5760-3930-6
定　价	59.80 元
出 版 人	王　焰

（如发现本版图书有印订质量问题，请寄回本社市场部调换或电话 021-62865537 联系）

| 自 序 |

突破，从自己开始

35年前，我参加学校"青春烛"毕业生演讲比赛，以题为"教师是太阳"的演讲获得第二名。这年九月，怀着对教育的所有美好期待，我走上了讲台。

35年来，从闽东山区小县城到厦门经济特区，从学校到教研机构，再到教育局，我始终在教育之路上蹒跚前行：中学数学教师、教研组长、教务处主任、校长；教师进修学校数学教研员、副校长、校长；教育局业务科室负责人、副局长、局长。经历过教育这个系统中的绝大部分岗位，遍尝其中酸甜苦辣，对教育，却仍觉不得其门而入，敬畏之心益重。

回首来路，35年走来，初心不改，但心境早已不同。有时不免遐想，再过几年，我就要离开教育这个安身立命之所了，届时假如要用一段告别语来为自己的职业生涯画上句号，来呼应当年教育实习结束后一气呵成写就"教师是太阳"演讲稿时的满怀豪情，我应该说些什么呢？我估摸着会用"做教育真难"来为自己因"壮志未酬"而满心遗憾开解吧。

做教育真难，难在现实的困境远比教育理论多样复杂，稍有不慎就会造成伤害或撕裂。都说教育是爱，没有爱就没有教育，但对爱的理解本身就与个体的生命经历息息相关，每位教师、每个家长都有自己不同的理解。一位教师因体罚学生受到学校处分，该教师深感委屈，理由是自己的本意是实施教育"惩戒"而非体罚，惩戒的出发点是出于责任和对学生的爱，如果教师连丁点教育权都没有，那还怎么管理学生！该班级其他学生的家长也为当事教师打抱不平，认为这是一位负责任的好教师，小惩大爱，学校就不应该迫于压力对教师进行处理。但涉事学生家长不依不饶，认为教师的出发点带有偏见和恶意，体罚给孩子身与心都带来严重伤害，学校的处理根本就是避重就轻。三方对学校处理都有意见，校方颇感为难。诸如此类事情，在学校里并不少见，无论如何处理，事情本身可能很快就会被时间湮没，但处理得恰当不恰当，影响却至为深远。一所学校的精神气象、文化品质，正是由这许许多多貌似平常的教育事件积淀而成的。

做教育真难，难在某些长期固化的教育行为难以改变，教育"深水区"的改革远比想象中困难。都说学习是"学"出来的，要把学习的主动权交给学生，让学生成为学习的主人。道理人人都懂，但落到实践中，何其之难！以改变教与学的方式为重要目标之一的第八次基础教育新课程改革启动至今，20多年过去了，走进课堂，所谓"满堂灌""填鸭式"不说比比皆是，但也绝不在少数。尽管教师接受了各种各样的新课改学习培训，观摩过种种展现新理念、新策略的示范课，尽管谈起"以学定教""合作学习"，每个教师都不陌生，尽管不少地区、不少学校都在花大力气推动课堂教学改革，尽管教育信息技术的进步日新月异，本应深刻改变教学，但回到课堂，习惯的教学方式还是主宰着教师的教学行为。课堂，那个占据了学生在学校中绝大多数时间的地方，依然是教育最难攻克的堡垒。理想的学校教育应该呈现一幅怎样的图景？有人说理想的学校就是一群爱读书的教师带着一群爱读书的孩子读书。然而，现实中，不说让每位教师都爱读书，即便是让一所学校中的绝大多数教师都爱读书，都何等之难。何况，在以考试成绩和升学率作为主要依据衡量学校办学水平的今天，真正无功利的读书又是何等奢侈的一件事情。也有人说好学校应该是儿童成长的乐园，教育应该以儿童为中心，顺应儿童的天性，让每个儿童都能快乐、适性生长。诸如此类的学校教育描绘，画面确实都很美好，但回到现实，一位教师可能会因为一个自己用尽各种方法教育依然调皮的熊孩子而濒临崩溃，教育也依然在"分分必夺"的应试泥淖中难以突围。我们得告诫自己，追寻理想教育之路布满荆棘，永无止境。

做教育真难，难在一个真正热爱教育的人，决不愿看到照本宣科、简单机械的教学毁掉孩子的学习力，决不愿看到高压重复的训练毁了孩子的灵性，决不愿看到不同学校的孩子享有的是差异巨大的教育……就我自己而言，无论在什么岗位上，我都希望自己能够为哪怕是微乎其微的改变尽最大的努力。当老师，能够在教育教学水平上不断有突破，让学生学得不痛苦，学得更智慧，让他们成为更优秀的自己；当校长，能够带领学校在品质内涵提升上不断有突破，让师生能够享有更幸福的校园生活，能够有更大的获得感和成就感；当教育行政领导，能够带领区域教育在均衡优质上不断有突破，让学生享有更加公平而有质量的教育，让师生都能够获得更好的发展，让区域教育有更好的生态。

做教育真难，难在所谓的突破甚至些许的改变都需滴水穿石、持之以恒、久久为功。更难在，教育要有突破，首先应该实现教育者自身的突破，永不满足，永不停止生长，不断突破观念的桎梏和思想的藩篱，成为更有能力的教育者。这本小书收录的都是笔者近几年在厦门市海沧区教育局服务期间写就的一些文字，或可视为我与同仁一起努力生长、努力追寻海沧教育突破之道的"另类"记录。这些努力，不可能立竿见影，但多少让我们看到一些美好变化的发生，也让我们相信，即便是微末之功，日积月累，突破也是有可能的。

目 录

读之道：走向更高处

上卷

以服务成就一所好学校
——读《教育无非服务》有感　3

走向更高处
——读《特别的女生萨哈拉》有感　7

走进文本，把握精髓
——点评《给教师的建议》第一次共读交流活动　11

没有抽象的学生
——读《给教师的建议》之一　15

阅读的力量
——读《给教师的建议》之二　18

教会儿童学习
——读《给教师的建议》之三　21

劳动的教育价值
——读《给教师的建议》之四　25

成为教育能手
——读《给教师的建议》之五　28

还童年应有的样子

——读《园丁与木匠》有感　32

读书见人　36

遇见即为永恒

——与教育图书之缘　39

看到"真实"是学校改进的基础

——读《学校诊断》有感　44

旨在唤醒灵魂的教育

——读《什么是教育》有感　48

每一所学校都可以为学习负责

——读《可见的学习》有感　52

为了儿童的课程建设

——读《食的初体验》有感　56

做教师真难，做教师真好

——读《指向核心素养的阅读教学》有感　58

繁星点点耀夜空　61

中卷 行之道：拥抱变化，走向未来

谈谈学校的"教养" 67

也谈学校特色 70

校长治校的平衡力 73

课程从儿童开始
——"走进儿童·园本课程故事分享"活动之思 86

"全员导师制"实施三问 89

读书，好教师的成长之路 96

让学习真实地发生
——我从"学习共同体"中看到了什么 100

读与写是成长的重要路径
——写在《文心》面世之际 104

好风凭借力，送我上青云
——写在海沧区"校长成长学校"启动之际 107

一场浸染式的教师学习变革
——海沧区推动区域教师阅读的回顾与展望 111

滋养·激活·赋能
——区域教师队伍建设的实践探索与思考 122

拥抱变化，迈向未来
——海沧教育未来五年高质量发展之思 130

向德国职业教育学习什么
——德国考察学习日记（选摘）140

言之道：让教育真正发生

下卷

在故事的讲述中看见成长
——在海沧幼儿园第九届"我的教育故事"上的讲话　157

校长的资质
——在教师进修学校附属学校校长成长论坛上的讲话　160

做一个真正能"带头"的学科带头人
——在学科带头人结业仪式上的讲话　164

阅读是支持成长最可靠的力量
——在东孚学区第一届阅读节上的讲话　168

继往开来，笃行不怠
——参加区教师进修学校2018年度总结交流会即席发言　171

系统改进，推进海沧教育新发展
——在2021年年终教育教学总结会上的讲话　179

附录

想不想学、会不会学是关键
——答《教师月刊》关于学习之八问　191

追寻对的教育方式
——访孙民云先生　198

让我们的童年回归大地
——关于自然教育和天性成长的一次对话　213

上卷

读之道：走向更高处

以服务成就一所好学校
——读《教育无非服务》有感

什么样的学校称得上一所"好学校"?

仁者见仁,智者见智,答案肯定不是唯一的。在我看来,一所学校好不好,最可靠的答案应该在学生那里。学校给了学生什么?学生对学校怀着怎样的感情?学生整体上呈现怎样的生命气象?一所学校无论有多么骄人的升学成绩,若给学生留下的多是痛苦的记忆,或是播下"精致利己主义者"的种子,这样的学校称不上"好"。

厦门大学附属实验中学(下简称"厦大附中")是一所好学校!2017年12月14日,厦大附中建校十周年庆,姚跃林校长作了"附中之美——让我们记住那些美好的瞬间"报告,14000多名校友在网络上收看讲座直播。一所办学仅十年的学校,14000多人在线是个让人震撼的数字。直播后,很多校友给姚校长发了短信或微信留言,沈同学这样说:"附中的几年真的让我感受到了幸福,是一段难忘的回忆。……在北京面临激烈竞争,所幸附中带给我的礼物犹存——宽容;兼容并蓄;自强不息,止于至善。"姚同学这样说:"温暖的校长影响着温暖的老师,温暖的老师影响着温暖的学生,最终成就了这个温暖的家。"或许正因为这种深入骨髓的温暖,她在微信朋友圈里这样动情地说:"嘿,附中的亲人们，嘿，附中，你们好吗？我想你们了，特别想。"高同学从图书馆出来的路上，迎着凛冽的寒风，托着手机，"纵使知道边走路边看不安全，也给人不好的印象，还是忍不住看"。他在留言中写道："虽然我在附中没经历过如讲座里所讲的那么刻骨铭心的事，但我切切实实感受到了这个炙热的温度。我相信不少附中人在成就事业后依然会回想起附中往事或多或少给予自己的改变。"在福州读大学的章同学则这样说："附中长久以来的幸福教育对我的人生产生了巨大的影响，一直很庆幸自己在七年前由于对新鲜事物的好奇'不经意'地选择了附中。在每个烦恼无法入睡的深夜，附中记忆都是最温柔的摇篮曲。"……读着附录中这些饱含真情的文字，我一次次被感动到，眼角一次次地湿润了，厦大附中是真正无愧于"学校"这个名称的地方。

厦大附中建校之初就确立了"全国有影响力的知名学校"的发展目标，有影响力的知名学校自然得有一流的教育质量。厦大附中确定了自己的质量观："要从单纯追求升学质量向全面提高教育服务品质转变，要将培育一流的教育服务品质和服务水平作为我们努力的方向。"一流的教育服务品质和服务水平，意味着面向全体学生，一个都不能少，意味着能够给不同的学生提供最优质、最适切的教育服务。一流的教育服务品质和服务水平，直接指向学校管理的品质，指向学校能够为学生提供怎样的教育产品，指向教师教育教学的能力和水平，指向学校中每个员工如何做人做事。这对学校管理层来说，无疑是更为直接的挑战。事实上，有了一流的服务品质和服务水平，一流的升学质量几乎是必然的。

"服务"最终体现在人的行为上，让"一流的教育服务品质和服务水平"成为员工的共识，成为一种职业自觉，校长无疑是其中最关键的人物。

"以人的健康成长为核心"是厦大附中遵循的教育哲学。姚跃林校长这样阐述厦大附中的教育主张："我们努力用一流的教育服务品质办学生喜欢的学校，通过人道的应试教育努力让教育更加尊重生命，以奋斗成就幸福的平凡人。"有人说，没有优良学业成绩的教育给不了孩子今天，仅有优良学业成绩的教育给不了孩子明天。其实，没有优良学业成绩，孩子输了今天，也可能输了明天；仅有优良学业成绩，孩子今天活在痛苦中，明天也可能仍然活在痛苦中。今天和明天是互相依存、紧密相连的。学业的成功与个人的禀赋相关，再好的教育也无法让每个孩子都学业优良，但是好的教育应该尽最大努力让每个孩子都达到他可能达到的最大高度，让每个孩子身心健康，让他们既赢得今天也赢得明天。厦大附中的可贵之处在于并不回避应试，但也清醒地认识到仅有应试的教育是不人道的，由此提出了"人道的应试教育"，做有温度的教育，成就"幸福的平凡人"。厦大附中在应试教育中的节制和对"诗意栖居"的种种努力形成的张力，令人为之动容。我以为，正是建立在这样的教育哲学之上的"一流教育服务品质和服务水平"，才有厦大附中坚实的根基，才能逐步成为全体员工的共识。

在厦大附中，姚跃林校长无疑是服务最自觉的践行者。诚如他自己所言："既然说是信仰，服务的意识就应当刻进骨髓。"在帮助一位学生解决晚餐想吃稀饭问题时，他是这样考虑的："我相信食堂有100条理由证明'晚餐不是每个人都能吃到稀饭'的合理性和正确性，但我认为学生只要有一条理由就足够：'我要吃稀饭！'因为这个要求足够合理和正确。……只要将学生当作自己的孩子，吃稀饭的问题就一定能解决。"一位学生想吃稀饭，是一件足够小的事情，正因其小，才更能体现什么叫"刻进骨髓"。这样的事情在很多学校，校长既不屑管，恐怕也没有学生会因这么一件"小事"找校长。发生在厦大附中大大小小的故事都印证了："如果将服务好学生作为坚定的教育信仰，我们就会选择有利于学生发展的办法，否则我们就会自然而然地选择便于自己管理的办法。"所以，姚跃林校长在《服务是一种信仰》中一针见血地指出："服务有没有成为一种教育信仰，是一眼即可洞穿的。"服务，于姚跃林校长是一种专业自觉，也是刻进骨髓的本能。有这样一位身体力行的校长，才能影响带动越来越多的教职员工成为自觉的服务者。

值得注意的是，服务并不意味着要无原则地迎合或满足各类人的全部需求。"无原则地迎合表面上看是服务品质之极致，实际上是以牺牲学生的长远利益和大多数人的根本利益为代价，是一种短期行为。"学校是育人的场所，教育服务从某种意义上说，也应当具有教育的意蕴，应该传递一种真善美的积极力量，弘扬合乎情理的价值观念。姚跃林校长以自己的专业敏感性，强调"服务不是迎合，服务也有底线，服务不等于大包大揽，因此要不断提升服务水平、服务能力和服务品质"。正因为有着这样理性的认识，服务在厦大附中不但散发着一种温度，也是教育本身。

姚跃林校长是一个讲故事的高手，办学十多年，写了800多篇共计250万字的教育随笔，其中有200多篇属于"校园故事"，这些故事几乎都与"服务"有关。最重要的是，这些"故事"，作者都在现场，是作为亲历者在讲述。这些故事，是附中思想、附中主张、附中精神最生动的载体。苏霍姆林斯基说："校长对学校的领导，首先是教育思想的领导，其次才是行政领导。"有了这一个个鲜活的校园故事，"服务"的思想自然会弥漫在校园中，成为学校的文化，成为校园中越来越多人的行动指南。

"找到学校就能找到我，找到我也就能找到学校。我和学校也是形影相随，我和同事、学生也是形影相随。"一所学校，有一个一直行走在校园中的校长，一个一直站在学生中间的校长，一个用生命在做教育的校长，这样的学校不可能成不了好学校。

走向更高处
——读《特别的女生萨哈拉》有感

著名儿童文学作家梅子涵先生在为《特别的女生萨哈拉》[爱斯米·科德尔（Esme Raji Codell）著，海绵译，陕西师范大学出版社出版]写的序中说："我们都愉快地读一读。我们就都愉快地看见了高处，我们可以往那儿去！"是呀，这真的是一本读着读着，就让人看见了高处，甚至可以走向高处的书。

《特别的女生萨哈拉》是以萨哈拉自述其成长故事来写的儿童小说。萨哈拉是一个来自单亲家庭的女孩，在大家眼里，她是个"问题"学生——孤独、上课老走神、作业写得乱七八糟甚至干脆不做、成绩不好、屡教不改……在又一次和妈妈被请到校长办公室后，妈妈为了让萨哈拉不接受所谓的"特别教育"与学校协商让她留级复读。

新学年开始了，学校新来的波迪老师接任萨哈拉复读的班级，"于是这个女孩在说自己的故事的时候就非要不停地说这个老师的故事，说啊，说啊，老师的故事就把女孩子的故事渐渐地改变了，女孩子后来的感觉、心情、每天的日子、暗暗的愿望……全部都被照耀，成为明亮和快乐"（梅子涵）。这是一本写给儿童看的书，但我相信，这也是一本写给成年人看的书，更是一本写给中小学老师看的书，适合所有年龄、所有成长阶段的老师看。青年教师可以视之为"如何当老师"的实战教材，跟着波迪老师学习，可能会少走很多弯路，会增添很多教学勇气和智慧，会引导他们在教育之路上越走越高远。中老年教师借此反思过往的教育生活，可能会百感交集，也可能会遗憾没有更早遇到这样的好书，还有可能顿悟并突破某个职业瓶颈，破茧重生，重新出发，与学生一起过上更加幸福美好的教育生活。

波迪老师不是"春蚕""蜡炬"意义上的好老师，她的故事似乎和我们绝大多数教师并无二致——热爱孩子，用心做事，每天做着重复的工作：带班、教学、批改作业、给孩子讲故事、家访。但波迪老师又和很多教师不一样，这些不一样的地方，正是最具价值的地方，是真正体现教育智慧的地方。德国教育家第斯多惠说："教育的艺术不在于传授本领，而在于激励、唤醒和鼓舞。""激励、唤醒和鼓舞"是多么美好的教育境界，然而，如何"激励、唤醒和鼓舞"，似乎只可意会不可言传，对许多教师来说大概只能是一种理想的教育追求，而波迪老师则将这句话演绎得淋漓尽致。

波迪老师给萨哈拉留下的第一印象着实不怎么样，"她根本不像个老师，倒像个成天晃悠在街上的问题少女，当然，她比少女要显得大一些"。这样一个像"问题少女"的老师，用什么魔法来唤醒萨哈拉，来赢得孩子的由衷喜爱呢？

波迪老师给学生布置的第一项作业是写日记，要求每天都写，当堂就开始写。萨哈拉只写了四个字："我是作家。"日记交上去，萨哈拉就后悔了，觉得自己做了件蠢事，像个大傻瓜，她想老师应该也会这样觉得的。日记本发下来了，她看到了老师写的评语："我相信！"萨哈拉四天没有在日记本上写一个字了，波迪老师在本子上用红笔写道："作家需要写作！"波迪老师还会在萨哈拉的本子上写：

如果你听到别人说了一个你觉得很美、很漂亮的词，那就把它记下来，然后这个词就成了你的了！

别匆忙地给一个故事一个无聊的结尾，"我醒来后发现这只是一个梦"，这是个非常糟糕的把戏。

别轻易地把你写的人物杀死，让他们一直一直活下去，就像在真实世界中一样。

有时候一些词根本没有意义，比如好的、漂亮的、丑陋的、美的、坏的！

这些貌似不经意的话，有写作天分的孩子自能领会其意。萨哈拉说道："我总是会盯着她写给我的那些话，就像我脑子里有一个勤劳的搬运工，而她的话就是一块一块石头，我的搬运工搬呀搬，几乎把这些石头都搬进我的脑子里了。"

萨哈拉感冒没去上学，晚上，波迪老师把作业本送到她的家里。当妈妈担心地问萨哈拉还是不是老样子时，波迪老师告诉妈妈她从不看学生以往的记录本，因为"如果有个孩子不老实，反应慢，不会看书，慢慢地我会看出来，我有眼睛，足够了，所以我不需要记录本"。妈妈有点忐忑地问："那你从她身上看到了什么？"波迪老师说："她将是一名作家！"听到波迪老师的话，躲在房间装睡的萨哈拉"感到整个人开始发胀，就好像被打气的气球"。交谈下来，妈妈逐渐信任了波迪老师，并试探着问道："那我要怎么做才不至于浪费了这个天才？"波迪老师非常肯定地说："给她讲故事，虽然她已经大了。还要在房子的每一个地方都放上纸和笔。给她许多许多书让她读，也许你已经在这么做了。"波迪老师不断强化着萨哈拉"我是作家"的信心，而且将这种信心坚定地传递给了孩子的妈妈。

萨哈拉开始写作了。某天，课间休息的时候，所有同学都出去了，波迪老师把萨哈拉留了下来。波迪老师手里摇着萨哈拉的日记本，一脸神秘地冲着她说："你没有搞到时间快车之类的东西吧？比如，你到了未来的几年写了这些东西，然后又坐着时间快车回来了？"她还从讲桌上拿出了一副眼镜，盯着萨哈拉的脸看，使劲盯着：我看不见她的眼睛，但是看得见她的眉毛上上下下地跳动，好像她在撬保险箱或者是拆炸弹。

"非凡啊！"她自言自语地说，"全看见了！""什么？"我问道。"文字。"她说，"你的天赋！"

师生谈话结束了，萨哈拉"几乎是跌跌撞撞地跑到操场上的"。

是的，至此，萨哈拉的作家梦被唤醒了，萨哈拉非凡的文字天赋被唤醒了！当然，故事并没有结束，萨哈拉的作家梦还是个"秘密的自己"，波迪老师还要帮助萨哈拉将这个"秘密的自己"变成真正的自己。于是，在某次对话中，波迪老师告诉萨哈拉，"秘密的自己"是很难藏得长久的，"尤其是当她很优秀的时候，比如说你，就开始露馅了"！而后，在一次课上，波迪老师坚持邀请、鼓励近乎两年没有在班级举手发言的萨哈拉读她写的故事，这让同学们看到了一个不一样的萨哈拉，也让萨哈拉终于有了展现自己文字才华的勇气，开始真正成了"所有美好的中心"。

波迪老师的头号问题学生不是萨哈拉，而是德里。德里一年级时就踢断过一个老师的脚骨，在许多人眼里，他就是一个疯子。用萨哈拉的话来说，"如果德里也是一本书的话，书名一定是《犯罪故事集》"。德里没有萨哈拉那样特别的天赋，毕竟天才总是少数，波迪老师唤醒的是德里心中的善、信任、尊重。在最初的日记中，德里是这样写波迪老师的："她是头母猪，大大的母猪，干嘛老说我？我又没说她！我要告诉我妈妈让她等着瞧！"故事的最后，德里在日记中写道："我希望有个朋友！"波迪老师的评语是："你其实在班级里已经有一个朋友了，只不过你还不知道。为什么不斜眼看看你的旁边呢？"德里回复："你能帮我斜眼吗？你那么好，一定可以斜眼很久，帮我找到我的朋友的，是吗？"德里的故事是书中另一条精彩的故事线索，两个"问题"孩子，一个是天才，一个智力平平，波迪老师对他们的期待也许不同，但对他们抱以同样的信心，同样的坚持，同样的热忱。

书中还有很多日常教育情境的叙述，貌似平常，但其中也都蕴藏着深邃的教育智慧。比如，师生初遇的第一节课、老师提前来到教室、上课铃响前的所作所为、和学生一起制定规矩、关于日记的约定、调整座位、和德里的第一次较量、对学生的冒犯和语言不当的应对，等等，认真品读，不难发现其中隐藏着许多教育成功的秘密。

中小学教师，读这样的一本书，反复品味、咀嚼、思考，不知不觉中也许就已经往高处走了一段。读这样的一本书，也让我们确信，好的教育，好的教师，应该且可以带着儿童走向高处。

走进文本,把握精髓
——点评《给教师的建议》第一次共读交流活动

9月29日,海沧龙山小学组织教师开展共读《给教师的建议》(苏霍姆林斯基著,杜殿坤编译,教育科学出版社出版)第一次交流分享活动。此次共读交流内容为第1至第25条建议。交流分六组进行,组内教师聚焦相关问题进行了热烈的交流,主持人随机参加组内交流。组内交流后,各组教师代表分别汇报了本组的学习心得,随后主持人邀请一位教师谈谈自己对本次共读活动的感受,最后由主持人对本场活动进行简要总结。

本次阅读交流活动,教师能够结合自身工作实际展开思考,这一点尤其值得肯定。如兰花老师在分享中说,"没有也不可能有抽象的学生"特别能引起她的共鸣,她以一个后进生的改变来谈自己对这一建议的理解。当她说到那个孩子"从那以后看我的眼睛都是发亮的"时候,喜悦之情溢于言表,她也由此深深认识到"不能用一把尺子去衡量孩子"。我注意到,在叙述这个案例时,那种因为教学成功、孩子改变带来的幸福感让兰老师的脸上散发着一种光芒,我相信在那一刻,兰老师与自己曾经的教学经历、与《给教师的建议》这个文本的确达成了一种共鸣乃至交融。刘素梅老师在分享对本次活动的感受时谈到的教育案例和追问,值得所有教师深思。刘老师回忆起六年前她初到龙山小学时,接任六年级的语文教学工作。接班后,她吃惊地发现班上居然有学生连自己的名字都不会写,还有一些学生不会拼音,考试遇到拼音题就直接放弃。让刘老师欣慰的是,不会写名字的学生在她的教导下可以写名字了,不会拼音的学生也不再怕拼音了。刘老师的追问是:这些孩子哪怕真的智力发育慢些,一年级的时候不会写、不会拼,不是还有二年级、三年级……吗?但凡这期间有一个教师关注到这些孩子,那样的问题都不应该积累到六年级啊!"没有也不可能有抽象的学生"就是对每个具体的人负责,关注每个学生的具体困难和问题,给予他们合适的帮助和教育,为他们后续的学习发展奠基。

本次阅读交流活动也暴露出很多教师还没有真正走进文本或无法真正与文本对话的"浅阅读"现象。

例如有的小组聚焦讨论第22条建议"争取学生热爱你的学科",老师们在交流时更多的是从已有的经验出发,分享自己对"争取学生热爱你的学科"的做法,诸如良好的师生关系、生动有趣的课堂教学等,讨论脱离了文本,完全回到自己的经验中。这样的交流不能说完全无意义,它至少也是一种经验的汇聚,但只会停留在一个较低的水平上,超越不了组内教师的标高,也就失去了阅读本身的意义。既然是一次"阅读"的交流分享,回到文本,无论是寻找答案,还是质疑,和文本进行充分的对话,由文本再反观自我,形成新的认识,阅读才有其价值。在这条建议中,苏霍姆林斯基开篇即说:"哪个学校里有一位优秀的数学教师,数学就会成为学生最喜爱、最感兴趣的学科,就会在许多学生身上发现杰出的数学才能。"显然,在苏霍姆林斯基看来,由"优秀的学科教师"来任教是"争取学生热爱你的学科"的重要条件。然而,什么样的教师才够得上"优秀"呢?这是在阅读这一章时不能不思考和回答的问题,而要回答这个问题,仅仅停留在这一章是不够的,需要纵览前后所有章节,如第2条建议所说:"应当在你所教的那门学科领域里,使学校教科书里包含的那点科学基础知识,对你来说只不过是入门的常识。在你的科学知识大海里,你所教给学生的教科书里的那点知识,应当只是沧海之一粟。"优秀的教师应该有广博的专业知识功底,应该能够"鸟瞰课程"。类似的论述,在很多章节中都有体现，可以说苏霍姆林斯基对教学工作的所有论述几乎都包含了他对优秀教师的认识，阅读就是要把这些散落在各个章节中的"点"串联起来，才能丰富自己对"优秀"教师的认识。"争取学生热爱你的学科"，苏霍姆林斯基认为除了教好所有学生外，教师还应该有另外一个概念——"我的学生"。也就是要培养出少数真正热爱甚至愿意献身这门学科的学生。怎么培养这样的学生？苏霍姆林斯基也给出了教育的路径。兴趣是热爱之母，研究"争取学生热爱你的学科"这一建议，不能离开前一条建议"兴趣的秘密何在？"。苏霍姆林斯基认为，"对知识的兴趣的第一个源泉、第一颗火星，就在于教师对上课时要讲的教材和分析的事实所抱的态度"。教师应该对教材和分析的事实抱以怎样的态度呢？甚至教师对自己所教的学科应该抱以怎样的态度呢？显然，在苏霍姆林斯基看来，教师自身的热爱和专业是点燃学生兴趣的火种。"兴趣的源泉还在于把知识加以运用，使学生体验到一种理智高于事实和现象的'权力感'。"与生活和实际相联系，让学生成为学习的发现者、探索者，感受到知识的力量，从学习中获得内在的快乐，才能不断巩固和发展兴趣。

再如第 1 条建议"请记住：没有也不可能有抽象的学生"，这是这本书的起点，也可以说是这本书的"文眼"，这章的重要性无可替代。"没有也不可能有抽象的学生"意味着生命个体的无限多样性和复杂性，意味着教育任务的艰巨和艰难。正因为有这样一个起点，后面的所有建议才有了熠熠生辉的价值和意义，而在讨论这本书所有的教育观念时，也不能遗忘"没有也不可能有抽象的学生"这个论断。很遗憾，这么一个重要的观念，并没有引起足够的重视，有的教师甚至认为这个论断强调的是如何对待后进生问题。事实上，在苏霍姆林斯基的教育实践和理论中，后进生、天才学生、中等生都一样重要，都需要慎重对待，都不能有所忽视。点燃儿童心中"想成为一个好人"的火花，这是苏霍姆林斯基人道的教育目标，这个目标对所有学生都一样，但在实现的方式上却要因人而异、因材施教。在这一条建议中，苏霍姆林斯基列举了帕夫雷什中学阿里辛柯和雷萨克老师的数学课，展现的正是差异化教学的观念和操作方法，认真体会，对我们的教学应该会有很多有益启示。

在第 1 至第 25 条建议中，出现频率最高的词无疑是"阅读"，老师们在阅读中也充分关注到这一点，阅读对学生学习的普遍意义，阅读对提高后进生学习力的意义，阅读对培养天才学生的意义，乃至阅读对教师专业发展的意义等。阅读既是一个人学习力的基座，也是自我教育、自我发展的通道。然而，什么样的阅读才是真正意义上的阅读，也就是苏霍姆林斯基所称"有理解的阅读"，但它却被许多教师所忽视。"眼睛一刻都离不开书本的阅读，这还不能算是真正的阅读。如果学生在阅读过程中不能感知任何东西，那么他实质上就是不会同时阅读和思考，正因为如此，这种阅读才不能称为有理解的阅读。""有理解的阅读"应该是在阅读的同时，能够提取关键词或关键信息，能够联想相关联的场景，能够思考与所读材料有联系的事实或现象等。如何培养"有理解的阅读"，在 20 条建议中苏霍姆林斯基给出了很具体的方法。显然，如果你只是一般意义上认识阅读对学生学习的价值，读第 1 至第 25 条建议对你的意义并不大，若你能认识到"有理解地阅读"才是对学习真正有价值的阅读，并且你知道应该如何去培养学生"有理解地阅读"乃至"有理解地书写"，关于"阅读"你才是真正读进去了。

北宋理学大师程颐说："如读《论语》，未读时是此等人，读了后又只是此等人，便是不曾读。"读经典的意义就在于发现、教育和提升自我。感谢大家一起共读《给教师的建议》，希望我们能读得更深、更透，能真正读到自己，读出更好的自己、更好的教育。

没有抽象的学生
——读《给教师的建议》之一

《给教师的建议》是译者选译了苏霍姆林斯基《给教师的100条建议》的精华部分,另从他的其他著作里选译了一些文章,重新编成100条建议,改称《给教师的建议》。译者将"请记住:没有也不可能有抽象的学生"作为第1条建议,让读者以此为始走进100条建议的阅读之旅,如此编排隐有深意。

教育实践之所以艰巨和充满挑战,正是由于教育对象个体的无限多样性和复杂性。先哲孔子对此也有充分的认识,他说:"中人以上,可以语上也,中人以下,不可以语上也。"因材施教是孔子非常显著的教学特色,这种教学原则正是建立在对学生个体差异的敏锐觉察基础之上的。学生个体的千差万别既给教育带来重重困难,但也因此使得教育成为一项集智慧、艺术、科学于一体的"专业"。从事教育工作,虽然充满探险的意味,需历险峰无数,但也因此才可以领略峰回路转的无限风光,体验登上峰顶的快乐。苏霍姆林斯基的教育实践和理论研究成果之所以历久弥新,不因时代、教育文化的不同而失去其价值,正因为它是建立在对人的差异体察入微和人道关怀基础上的教育学,记住"没有也不可能有抽象的学生"是教育教学成功的起点,记住"没有也不可能有抽象的学生"意味着教育者能够看到差异、正视差异以及致力于研究和解决差异带来的教育困难。

现代学校班级授课制客观上给因材施教带来极大的挑战，正如苏霍姆林斯基所言："任何一门学科的任何教学大纲只是包含一定水平和一定范围的知识，而没有包含活生生的儿童。"教学上的困难恰恰在"不同的儿童要达到这个知识的水平和范围，所走的道路是各不相同的"。看到儿童差异的目的是更好地促进儿童发展，苏霍姆林斯基坚信"每一个儿童的思维发展都有其独特的道路，每一个儿童的聪明和才智都各有各的特点。没有任何一个正常的儿童是毫无能力、毫无天赋的"。如何让"每一个学生在学习中都应当达到他力所能及的成就"，苏霍姆林斯基进行了贯穿其教育生涯始终的探索与实践。尤其在帕夫雷什中学，他对大量的个案进行了长期跟踪研究，揭示了儿童思维发展的很多秘密，总结出了许多在帕夫雷什中学实践过并证明有效的班级授课制条件下的差异化教学策略。

针对少数的"天才"学生，苏霍姆林斯基提出每个学科教师都应该有"我的学生"这样的概念。以物理为例，所谓"我的学生"就是那些"全心全意献身于物理学的青年，他们下定决心把自己的一生同技术、科技思想领域里的劳动结成一体"。对这样的学生，教师还应当有一个"自己的学校——少年物理学家学校"，促使学科天赋超常的儿童把自己对于这门科学的志向确立起来。

针对一些学习困难的学生，苏霍姆林斯基认为"有些教师相信，要减轻这些学生的学习，只有把他们的脑力劳动的范围压缩到最低限度，这种意见是完全错误的"。要让这部分学生跟上学习，要做的恰恰是"学生学习越感到困难，他在脑力劳动中遇到的困难越多，他就越需要多阅读：正像敏感度差的照片底片需要较长时间的曝光一样，学习差的学生的头脑也需要科学知识之光给以更鲜明、更长久的照耀。不要靠补课，也不要靠没完没了的'拉一把'，而是要靠阅读、阅读、再阅读——正是这一点在'学习困难的'学生的脑力劳动中起着决定性的作用"。

看到差异，心中有具体的活生生的人，但同时也应当看到在一个班集体中，学生既是相互独立的个体，又是相互联结的团队，他们之间会发生微妙的相互影响。因此，苏霍姆林斯基认为"要防止差生的学业落后的现象，就必须让那些天赋高、有才能的学生在他们有能力的那些学科上和创造性活动的领域里超越教学大纲的界限。……我们深信，如果一个班上有几个学生在研究大纲以外的材料，在研究现代的科学问题，那么这个班上就永远不会出现物理考试不及格的学生"。依我的理解，这应该是一种氛围、一种环境、一种精神追求对场域中人的复杂影响，或许这也就是班级文化的积极影响。

因材施教，需要教师真正了解学生的情况，在备课时心中得有具体的学生。苏霍姆林斯基举例说："教师准备明天给五年级学生讲关于百分数的初次概念。如果他备课时只想到讲解百分数的方法，而没有想象课时计划的活的面目，在他的眼中没有出现那个机灵的、思路敏捷的米沙和那个头脑迟钝的、理解能力很差的柯里亚的形象，那么，这种备课只不过是进行抽象的理论推敲而已。"只有这样，课堂上才能根据学生的具体学习情况巧妙而又灵活地调整教学计划。

对智力发展迟缓学生的帮助既考验教育者的爱心、智慧，也考验其耐力，对彼特里克的帮助和训练就是这样。彼特里特已经升入三年级了，虽然经过了长时间的思维训练，但是在解应用题方面，他还是无能为力。苏霍姆林斯基并未因此放弃，他仍然坚信，这孩子能够学会思考。这一天终于来到了："这孩子的眼睛闪闪发亮，他开始解释应用题里说的究竟是怎么一回事，他的解释是断断续续的，但是我看得出，以前像被迷雾遮住一样的东西，终于在这孩子的眼前变得清晰起来了。"所以针对智力发展落后的儿童，苏霍姆林斯基特别告诫："但愿你循序而进，持之以恒，同时要有耐心（能够忍受学习困难的儿童那种迟迟不肯开窍的局面），那可以称之为豁然开朗的时刻必定能够到来。"所谓静待花开，不是无所作为，而是用专业的帮助来陪伴，用坚定的信任和耐心来等待。

只有看到具体的学生，才能看到学生之间的差异，才能对学生的困境报以同情，才能想方设法做到因材施教，真正有效促进每个孩子的发展。以这个视角来阅读《给教师的建议》，其感受应该会有所不同，我想这可能就是译者将"请记住：没有也不可能有抽象的学生"列为第 1 条建议的原因。

阅读的力量
——读《给教师的建议》之二

纵览全书,《给教师的建议》出现频率最高的词非"阅读"莫属,"无限相信书籍的力量,是我的教育信仰的真谛之一"。在《给教师的建议》中,苏霍姆林斯基反复论及阅读、教师专业发展、学生自我教育、让学生爱上学习、帮助学困生提高学习能力等,认为阅读都是基本的路径。如此坚信阅读的力量,的确称得上是其教育信仰。

"阅读应当成为吸引学生爱好的最重要的发源地。"学校应当成为书籍的王国,学生的第一个爱好就应当是喜爱读书,这种爱好应当终身保持。苏霍姆林斯基说:"不管你教的是哪一门学科(文学或历史、物理或制图、生物或化学),你都应当(只要你想成为学生的真正的教育者)使书籍成为学生的第一爱好。"为此,他建议,教师应该在班级建立一个小图书角,指导学生读书,教会每一个学生"怎样在书籍的世界里旅游",然后再逐步教给学生如何利用学校的图书馆。"一个深思熟虑的教师,从他开始儿童工作的最初几天起,他就在周密地考虑:在小学期间,应当让每一个学生阅读(和反复地阅读)哪些书。"显然,在苏霍姆林斯基看来,教学生会读书、爱读书理应是教师的天职。

阅读是对"学习困难学生进行智育的重要手段"。苏霍姆林斯基在书中记录了这样一个故事：一个叫费佳的学生学习困难，三年级开始他搜集了一套专门供费佳阅读的书籍，前后大约有300本书和小册子，这些书可以一直供费佳阅读到七年级。到了五年级，费佳的学业成绩就赶上来了，到了六年级，这个孩子对物理产生了兴趣，成了"少年设计家小组"的积极成员。这孩子后来在学习上还有遇到困难，特别是历史和文学，但是每次困难都依靠阅读得以克服。因此，他认为"问题不仅在于阅读能挽救某些学生免于考试不及格，而且在于借助阅读发展了学生的智力。学习困难的学生读书越多，他的思考就越清晰，他的智慧力量就越活跃"。如何帮助困难学生，苏霍姆林斯基无一例外都是从阅读入手，根据孩子的问题选择图画书、科普书、学科趣味书等，引导孩子逐步学会自己阅读和思考，通过"有理解地阅读"帮助孩子提升思维水平，开启智慧。

阅读有助于减轻学生的学习负担。苏霍姆林斯基认为许多学生学习不快乐、负担沉重的原因正在于他们把全部精力都用在课本上了，因而没有时间去读一点"满足精神需要的"书，没有时间去思考。他指出，"如果少年学生除了教科书以外什么书都不阅读，那他就连教科书也读不好"。相反，"如果学生其他的书读得较多，那么他不仅能够学好正课，而且会剩下时间，去满足他在其他方面的兴趣"。提升学生智力生活质量的主要途径，就是保证智力生活的丰富性，而阅读无疑是丰富学生精神生活、开阔学生视野的最佳方式，因此他用充满诗意的语言说："如果我们真的想减轻学生的脑力劳动，那就让我们在学生面前敞开道路，让他们走到学校图书馆的书架前去，让书籍从沉睡的巨人变成青年时代的挚友吧！"

阅读是最好的自我教育。"所谓自我教育，就是用一定的尺度来衡量自己。"这样的"尺度"在哪能找到？苏霍姆林斯基认为，"青少年精神空虚的原因之一，就是缺乏真正的阅读。这种阅读应当占据人的整个理智和心灵，引起他去深入思考周围世界和自己本身，迫使他去考虑自己的命运和前途"。好的书籍正是青少年衡量自我、发现自我的一个重要标尺。教师应该关心青少年读什么样的书籍，而不能"消极地等待青少年去'碰上'正好适合于他读的那本书"。他认为，如果一个人没有在童年时期就体验过面对书籍进行深入思考的欢乐，那就很难会有完满的教育，教师应当有意识地引导和帮助儿童找到那些能够通往他们心灵蹊径的书籍。

无论是要带领孩子走上阅读之路，还是要做好教育工作，教师无疑都应该成为主动的阅读者。教师应该读什么样的书？苏霍姆林斯基这样对青年教师说："年轻的朋友，我建议你每个月买三本书：（1）关于你所教的那门学科方面的科学问题的书；（2）关于可以作为青年们的学习榜样的那些人物的生活和斗争事迹的书；（3）关于人（特别是儿童、少年、男女青年）的心灵的书。"因为"教育——这首先是关心备至地、深思熟虑地、小心翼翼地去触及年轻的心灵。要掌握这一门艺术，就必须多读书、多思考。你读过的每一本书，都应当好比是在你的教育车间里增添了一件新的精致的工具"。的确，很难相信一个不爱读书的教师能够让孩子爱上阅读，而在知识高度复合化的今天，教育学更是建立在诸多人文科学和自然科学基础上的一门科学，教师不能仅凭经验从事工作，只有通过广泛的专业阅读，才能洞见教育，真正胜任教育工作。

阅读如此之美，阅读如此之重要，可是为什么有那么多少年不喜欢读那些有价值的科学书籍和文艺书籍？苏霍姆林斯基为此深感忧虑不安，他认为"少年们往往不懂什么是真正的阅读，不善于深入思考所读的东西的含义，没有开动智慧的力量，不会欣赏作品的艺术价值"。因此，他极度重视让儿童学会"有理解地阅读"，重视引导儿童读好的书籍。

阅读具有神奇的力量，但为什么读、读什么、怎么读，是一个必须认真对待和再三思考的问题。

教会儿童学习
——读《给教师的建议》之三

在《教师的时间和教学各阶段的相互依存性》中，苏霍姆林斯基语重心长地对小学教师说："亲爱的同事，请你记住，所有中年级和高年级教师的时间预算表都取决于你，你在教学和教育工作中是创造精神的缔造者。小学面临着许多重要任务，而其中占据首位的任务就是：要教会儿童学习。"越到高年级，学生成绩的两极分化就越严重，一些原本表现良好的学生也渐渐落伍，苏霍姆林斯基认为这主要是学生不会学习、不会掌握知识的结果。

如何教会儿童学习？苏霍姆林斯基在很多条建议中从不同的角度作了回答，"会学习"大致包括观察、阅读、专注、思考、表达等要素。当然，浓厚的学习兴趣和旺盛的求知欲，也是儿童拥有持久学习力的重要保证。

"在小学里对儿童进行教学，这首先就是教给他们观察和发现世界。"观察既是儿童通过对周围世界的视觉感知来丰富自己的思想，思考万物的因果联系，也是儿童将现实世界与书本知识联系起来的重要基础。因此，苏霍姆林斯基说："在低年级，观察对于儿童之必不可少，正如阳光、空气、水分对于植物之必不可少一样。在这里，观察是智慧的最重要的能源。"为此，苏霍姆林斯基周密思考，规定了孩子们在小学四年内应当按顺序去观察的东西，以及周围世界的哪些现象应该成为他们思维的源泉,形成了 300 页的"自然界的书",也就是说四年中学生要进行 300 次的观察,让 300 幅鲜明的画面深深印入儿童的意识里。有了这样的"画面"作为书本知识学习的底色,"周围世界,自然界不断以鲜明的形象、画面、知觉和表象来滋养学生的意识,使儿童意识到思维规则好比是一座匀称的建筑物,而这座建筑物的构造法又是由一座更为匀称的建筑物——自然界所启示的"。教会学生观察自然界的具体现象,并且探寻因果关系,让知识变得鲜活、生动起来,打通从形象思维到概念思维的通道,是苏霍姆林斯基行之有效的教会学习之法。

苏霍姆林斯基认为,一个人如果没有在童年时期就体验过对书籍进行深入思考的快乐,那就很难设想会有完满的教育。儿童能不能顺利学习,最重要的就是他是否具备良好的阅读能力。"我坚定不移地相信,学生到了中年级和高年级能不能顺利地学习,首先就取决于他会不会有理解地阅读:在阅读的同时能够思考,在思考的同时能够阅读。"无限地相信阅读的力量,是苏霍姆林斯基的教育信仰,他把这一信仰坚定地贯穿于自己的教育实践中。"缺乏阅读能力,将会阻碍和抑制脑的极其细微的连接性纤维的可塑性,使他们不能顺利地保证神经元之间的联系。谁不善于阅读,他就不善于思维。"因此,他将阅读视为解决诸多教育问题的"金钥匙",任何时候,都将指导儿童阅读,让儿童爱上阅读,作为自己最重要的教育责任。

专注是会学习的重要表现,使儿童养成从事紧张的、创造性的脑力劳动习惯是重要的教育任务。"儿童应当学会在某一特定的时间摆脱周围的一切,以便集中精力去达到教师或他自己所提出的目标。要努力做到使儿童养成这种专心致志的习惯。只有在这样的条件下,脑力劳动才可能成为儿童喜爱的事情。"培养儿童的专注力,苏霍姆林斯基认为应该在学习过程中设置一些学生能够克服的困难,如果儿童在学习中感到一切都很容易,就会逐渐养成懒于思考的习惯,因此,"不要让学生无所事事,这也是一项特殊的教育任务"。有意识地培养儿童的专注力能够有效提高儿童的学习能力。意大利教育家蒙台梭利就发明了一种"寂静时间"的训练方法来培养儿童的专注力,即让一个或几个孩子坐在沙漏面前练习保持沉默，以发展自我控制和意志的力量。"专注"是一个能够且应该有意识地加以培养的能力。

"要思考，不要死记！"苏霍姆林斯基极其反对没有理解的死记硬背，他认为，对没有充分思考过的规则进行死背，只能获得表面的知识，而表面的知识是难以在记忆中保持的。"不要让学生去记诵那些还不理解、没有完全弄懂的东西。""任何一个概念、判断、推理、法则，在学生没有理解的时候，都不应当让他们去识记。不理解的识记在儿童时期是有害的，而在少年时期则是严重危险的。"他一再强调，用记忆来代替思考，用背诵来代替感知和观察，会使儿童变得蠢笨，以至最终丧失了学习的愿望。教师应该努力让知识活起来，让教学充满智慧，调动儿童去积极思考，要帮助儿童"成为思考者和真理的发现者"。

要让儿童学会良好地表达，能够准确、流畅地读。为了培养孩子在阅读的同时进行思考的能力，苏霍姆林斯基建议，在一至四年级，每天最少有半个小时用来对新课文进行有表情、有理解地朗读，要让每个学生做到在读的同时思考、在思考的同时读。写作是最重要的表达能力，要让学生能够"半自动化"地写：把自己所见、所做、所思顺畅自如地书写出来。"我认为一项很重要的任务就是，早在三年级，最迟在四年级，就要使学生能够笔不离纸地写出较长的词，能够眼睛不看练习簿地写出词甚至短句来。书写过程的半自动化是提高读写水平以及全面自觉掌握知识的极为重要的条件。"苏霍姆林斯基极为重视写作的训练，从学前的"思维课"开始，就带着儿童到自然界中观察，亲身感受和理解词、词组的丰富含义及情感色彩，训练儿童能够用词来讲述他们看到和感受到的东西，这样的训练通常会持续几年时间，让写作逐渐成为儿童自然的习惯。

学习兴趣是儿童保持持久学习热情不可或缺的动力，苏霍姆林斯基注重培养学生内在的学习动机——在知识和真理面前感到激动和惊奇的态度。他告诫说："当儿童跨进校门以后，不要把他的思维套进黑板和识字课本的框框里，不要让教室的四堵墙把他跟气象万千的世界隔绝开来，因为在世界的奥秘中包含着思维和创造的取之不竭的源泉。"一个人看见了世界，他就不会成为消极的观察者，而是成为真理的发现者，由此就会产生活的思想。当一个人能靠自己发现真理时，他也就会以强烈的兴趣去学习。所以，苏霍姆林斯基特别强调知识应该要靠学生主动去获取，要让学生在学习中获得满足感，从挑战学习困难的"紧张劳动中"得到健康的疲劳感，要努力做到使知识既是最终目的，又成为学生主动获取新知识的手段或工具，旗帜鲜明地反对"填鸭式"的灌输。

授之以鱼，不如授之以渔，古今中外，高明的教学思想和方法皆是相通的。

劳动的教育价值
——读《给教师的建议》之四

学生每周在教学工厂里劳动一次，他们学习加工木料和金属、制作机器和机械模型。除此之外，学校还组织了许多技术劳动的课外小组：少年植物栽培小组、育种小组、园艺小组、养蜂小组、机械化小组、电工小组、无线电工小组、钳工设计小组、车工小组、动物饲养小组、养花小组……劳动地点有的在学校，有的在集体农庄，有的在工厂，从一年级开始到十一年级，孩子们每周都要参加至少一小时的劳动，这就是帕夫雷什中学的劳动课程图景。

劳动教育是苏霍姆林斯基教育思想的重要组成部分。《给教师的建议》中全文谈劳动教育的有四篇，部分涉及劳动教育的还有多篇。在苏霍姆林斯基看来，没有劳动的教育是不完整的教育，如此深刻系统地论述劳动教育及其重要价值，在中外教育家中都极为罕见。研究苏霍姆林斯基的劳动教育思想，对落实"五育并举"，促进学生全面发展，具有重要的借鉴意义。

"儿童的智慧在他的手指尖上。"苏霍姆林斯基认为，劳动教育与智育密不可分，劳动尤其是手脑并用的劳动能够有效促进身体各部分的协调性和智力水平的发展，现代神经科学的研究也证明了这点。20世纪60年代，美国加州伯克利分校的心理学家进行了一项实验，他们在关着一群老鼠的大笼子里放置了玩具、障碍物、隐蔽的食物、转轮等。实验表明，生活在一个有更多感官刺激和社会化刺激的环境中，老鼠的大脑结构和功能都发生了变化，老鼠不仅能更好地完成学习任务，相比那些住在空笼子中的同类，它们的大脑也重了许多。劳动显然也有类似的功能。因此，苏霍姆林斯基倡导的劳动指的不是简单、繁重的体力劳动，而是"复杂的、创造性的劳动，这种劳动里要有思想、有巧妙的技能和技艺"。他通过帕夫雷什中学一年一年积累的事实证明：手所掌握的和正在学习的技艺越高超，儿童和青少年就越聪明，他们对事实、现象、因果联系、规律性进行深入思考和分析的能力就表现得越鲜明。劳动应该从小开始，如对学龄前的儿童，他提议在入学前一年时间里，就应当让他们做一些如用小刀和剪刀雕刻和裁剪纸板或纸张、雕刻木料、编结、设计和制作小型的木质模型等劳动，这样的劳动能够训练儿童手指动作的协调和节奏，形成手指的灵巧性和对图案的敏感性。这对儿童入学后能够形成快速书写的能力有很大帮助。帕夫雷什中学的各种劳动工场或研究室的工作都充满探索性和创造性，劳动与思考融为一体，每一个青少年都要在好几年的时间里接受这种劳动的训练。劳动提升了儿童的研究能力和思维水平，促进了智力的发展。

劳动有助于发展学生的个人才能和爱好。"我们努力使我们的每一个学生，从入学后的最初几天起，就着迷于某一样东西，就爱上一样东西，使他能发展自己的创造性才能，使他形成一定的生活志趣。"帕夫雷什中学的劳动项目非常丰富，涉及机械、农业、养殖、种植、机电、设计、艺术等各个方面，比如学校有四个技术创作工作室、三个小工场、两个机器学活动室，供模型设计和制作的安装工和电工的两个工作室和五个工作角，一个无线电实验室，一个自动化和遥控技术活动室，几个少年摩托车手的工作角，一个专为一部微型汽车而设的车房等。学校有意识地引导学生通过参加各种劳动最终能够找到一种最大限度适合于他的天资和才能的劳动种类。在劳动过程中，教师的任务"就是不断地保持学生对劳动的热爱，点燃创造性的火星，设法使它们熊熊燃烧起来"。学校里老师们也都有各自爱好的劳动项目，有的甚至达到痴迷的程度，他们将劳动与学科教学紧密地结合起来，激发学生对某种劳动的兴趣，带领和指导学生劳动，为学生做出了很好的榜样。在一个在校生总共才500多人（11个年级）的农村学校里，从1949年到1965年，接受完中等教育的611人中，有385人完成了高等教育或正在高等学校里读书，其中出了工程师84人、医生41人、农艺师38人、教师49人、其他方面专家30人，这在当时应该是非常高的人才培养率。这与学校丰富多彩的劳动教育，并且在劳动教育中"点燃（儿童）关于未来的幻想的火花"一定有很大的关系。

劳动有助于培养学生坚毅的个性品质和良好意志力。帕夫雷什中学的许多劳动项目充满挑战，完成这样的劳动不但需要付出大量的体力，也需要有坚持不懈的思考和钻研，让学生在劳动过程中能够逐步形成克服困难的勇气和遇到挫折决不气馁的精神。劳动有助于发展学生的社会能力。帕夫雷什中学的每个工场都设计了不同年龄学生的工作岗位，低年级学生的劳动技能主要由高年级学生来传授，不同年龄孩子之间具有良好的交流和互助，学生社会交往能力在集体劳动中得以很好发展。劳动有助于学生德性的发展，劳动"使学生理解和体会到一个人获得的生活福利和文化财富是与他个人参加的共同的劳动有依赖关系的"，形成"无所用心可耻，热爱劳动光荣"的基本认识。

教育"要在每一个人的身上发现和找出能使他在为社会谋福利的劳动中给他带来创造的欢乐的那一条'含金的矿脉'"，缺乏劳动教育的教育是不完整的教育。苏霍姆林斯基的劳动教育观对于学校开展劳动教育有很多的启示。

成为教育能手
——读《给教师的建议》之五

"无论在什么地方都没有像在学校里、课堂上这么滥用和浪费时间的。"为何存在如此严重的"滥用和浪费时间"现象？追根究底是教师低质量的教育教学造成的，是教师教学能力严重不足的结果。教学目标模糊不清、教学方法单调粗糙、学生缺乏学习热情、学生学业整体水平低等，都是教师教育能力不足的表现。因此，苏霍姆林斯基十分重视提升教师的教育教学能力。他用一个朴素的词来称呼教学水平高的优秀教师：教育能手！如何培养教师成为"教学能手"，苏霍姆林斯基给出了许多有效的策略和建议。

"读书，读书，再读书——教师的教育素养正是取决于此。要把读书当作第一精神需要，当作饥饿者的食物。要有读书的兴趣，要喜欢博览群书，要能在书本面前坐下来，深入地思考。"苏霍姆林斯基是读书的身体力行者，他是一个文学教师，但他可以很好地胜任中小学全学科的教学。正是因为他广泛自学了所有学科相关的科学著作，除了文学、数学、心理学等方面的专著，还带着强烈的兴趣阅读了遗传学、自动学、电子学、天文学等方面的科学著作。他在职业之初就给自己定了一条规则："要不断注视跟学校教学大纲有关的那些科学的最新成就和进展。特别重要的是要了解数学、物理学、生物学、生物化学和电子学的新成就。"在他的工作室里，放着一堆堆的笔记本，内中都是阅读摘录的材料和从报纸上剪下来的资料，涉及学校中的所有学科。对于学科本体性的知识，他一直秉持这样一个观点："学科教学大纲的知识对于教师来说，应当只是他的知识视野中的起码常识。只有当教师的知识视野比学校教学大纲宽广得无可比拟的时候，教师才能成为教育过程的真正的能手、艺术家和诗人。"美国教育家、哲学家怀特海也有类似的观点，他认为教师要能够"鸟瞰课程"，好的教学才有可能。这就要求教师在学科专业上的高度远远超越教科书。苏霍姆林斯基认为，教师要能够分辨清楚所教的这门学科最复杂的问题，能够清楚那些处于科学思想前沿的问题，比如教物理的教师，应当对基本粒子有所了解，懂得场论，能够设想出将来能源发展的前景，教师的教育素养就是这样开始建立起来的。

日本教育家佐藤学先生在《教师花传书：专家型教师的成长》中充满忧虑地说："无论是西洋还是东方，自古以来，教师之所以承担不平凡的教育工作，是因为教师自身比任何人都更爱读书、更加好学，只有那些学者才允许执掌教坛。但现在这一根基已经崩溃，这可算是教育最大的危机了。教师是'教的专家'，同时也必须是'学的专家'，在知识高度化、复合化、流动化的知识社会更应如此。"读书，在今天这样一个时代，对教师而言已经不是要不要读的问题，而是读什么和怎么读的问题。1972 年，联合国教科文组织在那份著名的报告《学会生存——教育世界的今天和明天》中就这样写道："教育学过去一度是一种艺术——教学艺术，现在已经成了一门科学，这门科学是建立在牢固的基础上的，而且是和心理学、人类学、控制论、语言学以及许多其他科学联系在一起的。然而，教师对于教育学的应用，在很多情况之下，仍然把它当作一种艺术，而不把它当作一门科学。"既然教育学是这样一门高度复合的科学，没有大量的专业阅读，没有深入系统的研究，是不可能有所作为的。教师在学习阅读本学科本体性知识书籍的同时，还应当阅读相当数量的教育学、心理学和其他自然科学、人文科学书籍，以完善作为教师应当具备的知识结构。教师读专业书籍不应当是消遣性的阅读，而应该是深度的、系统的、知性的阅读，在和书籍的反复对话中，吸纳有益自己的营养成分，不断丰富、优化自己关于教育的"知识体系"，提升自己的精神境界和教育素养。

学习优秀教师的经验。首先，向他人学习，尤其向同伴中的优秀教师学习，一直是教师成长的一条重要通道。怎么学习？苏霍姆林斯基认为，"学习别人的教育经验是一件很复杂的事，是一种创造"。如果只是一个挨一个地去听所有教师的课，那是很难得到教育技巧的要领的。因此，学习他者，首先应该选择一个或几个值得学习的对象。他建议，先去看看所有低年级教师的学生的练习本，如果某个班级绝大多数儿童练习本里的字迹端正秀丽，错别字很少，那么在这个班里可能就可以学到东西，因为"学生的练习本是全部教育工作的一面镜子"。其次，学习不是简单地模仿、复制他人的经验和做法，诚如齐白石老人所言："学我者生，似我者死。"学习不是把别人的经验和方法机械地搬来为己所用，"每一种结果的取得，往往都是由于几十种、上百种乍看起来跟所研究、观察、探索的对象相距很远的，没有直接联系的因素决定的"。靠浮于表面的观察很难学习到他人经验的精髓，学习他者的经验，需要较长时间的跟踪，需要"顽强地探索：到底良好的教学效果取决于什么"，从而学习到优秀教师经验的精髓，尤其是其教育思想和信念。最后，学习他者经验必须回归到自我的反思。苏霍姆林斯基强调："你对年长的同事们的经验研究和观察得越多，你就越需要进行自我观察、自我分析、自我进修和自我教育。"也就是说，学习他人的经验，只有和个人深思熟虑的思考、对自我的不断反观结合起来，才能真正内化为自己的东西，从根本上提高自身的教育素养，逐步形成自己的教育思想和风格。

在日常的教学工作中做科学研究。苏霍姆林斯基非常重视教师的教育研究，他对校长们说："如果你想让教师的劳动能够给教师一些乐趣，使天天上课不致变成一种单调乏味的义务，那你就应当引导每一位教师走上从事一些研究的这条幸福的道路上来。"苏霍姆林斯基认为，学生对知识的冷漠是教育中最大的敌人，而学生对知识冷漠的根源就在于"教师对学生的知识抱着冷淡的、缺乏热情的态度"。而教师的这种冷淡正是因为"教师没有学会分析事实和创造教育形象，那么年复一年地重复发生的事情在他看来就是枯燥的、单调乏味的，他就会对自己的工作失掉兴趣"。他认为，只有那些善于分析自己工作的教师，才能成为好的教师，"在自己的工作中分析各种教育现象，正是向教育的智慧攀登的第一个阶梯"。教师的研究不是严格意义上所指的那种科学研究工作，而是在自己的工作实践中分析、思考各种教育现象，思考事实的本质，思考事实之间的因果关系，是"虽然在教育科学上已获得解决，但是当一个创造性地工作的教师一旦成为理论和实践之间的中介人，这些问题就经常以新的方式出现在他的面前"的问题。教师的研究可以小而近，从自己的教学入手，从自己的学生入手，每个疑惑、每个教学不满意的问题都可以成为研究的对象。教师的研究，既可以是个体的一种思考和研究，更可以是集体的攻关，在学校里过上一种集体的研究生活。通过研究，教师可以不断改善自己的工作，挣脱习以为常的藩篱，让教育教学工作真正成为一种创造性的工作。

学习是教师成为一名教育能手的不二法门。"教师要有学习的愿望，要有对知识的渴求和理解智力活动的奥秘的志向，沿着这些小路攀登，才能使你到达教育技巧的顶峰——师生之间心灵交往的和谐的境界。"坚持不懈地学习，让自己过上幸福的教育生活，也让每个学生过上幸福的学习生活，应该成为每个教师的生命自觉。

还童年应有的样子
——读《园丁与木匠》有感

　　暑假期间心血来潮想印证下某个判断,刻意找了些孩子了解他们的假期都是怎么度过的。意料之中,问及的孩子几乎都没有属于自己的闲暇时间,参加各种兴趣班、初小衔接班、初高中衔接班、学科加强班或提高班等,他们都在争分夺秒,或发展特长,或查漏补缺强化提升,或超前学习抢占先机。有的孩子一个假期甚至要奔忙于几个培训机构之间,无缝衔接,一点时间都不"浪费"。也有比较"幸福"的孩子,百忙的假期学习中,父母还能挤出一段时间带孩子远足旅游。当然,所谓读万卷书,行万里路,目的还是提高孩子素养。这是家长有意为之的安排。

　　在剧场看演出,前排的人为了自己能看得更加清楚,不顾挡着别人的视线,站了起来,后面的人不得不一排接着一排也站了起来。最后,剧场中几乎所有人都站了起来,从而导致观众都站着看完了整场演出,体力成倍付出,而观赏效果却没有更好,这就是所谓的"剧场效应"。孩子们暑假的"忙碌"似乎也是一种"剧场效应"。在这样的效应中,人人都在抢跑,人人都焦虑不安,似乎孩子输一次,就会输一生。此现象越演越烈,几有蔓延之势。然而,孩子们的生活被成人有计划地安排好,填满了各种各样的学习,几无可自由支配的时间，更没有小伙伴之间充满奇思妙想的玩耍，这会带来怎样的后果，读美国心理学家艾莉森·高普尼克（Alison Gopnik）所著《园丁与木匠》（刘家杰、赵昱鲲译，浙江人民出版社出版）一书，你会发觉这实在是一个不能不去反思的大问题。

《园丁与木匠》将养育方式分为"园丁式"与"木匠式"，木匠式养育目标明确，养育过程严格按计划实施，理论上只要按设计图纸精心打造即可出炉一个个做工精良的工艺品。但人毕竟是人，这样的养育方式结果往往与目标相距甚远，高普尼克称这种养育观念"无论是从科学、哲学、政治的角度，还是从个人的角度来看，在根本上都是错误的"。养育的本质是什么？应该是爱，而"爱没有目标、基准或蓝图，但爱是有意义的。这个意义不是为了改变我们所爱的人，而是为了给他们提供条件，让他们蓬勃发展。爱的意义不是塑造我们所爱之人的命运，而是帮助他们塑造自己的命运；不是为了向他们展示道路，而是为了帮助他们找到自己的道路，哪怕他们所走的道路不是我们想选的，也不是我们能为他们选择的"。因而，高普尼克倡导这样的养育方式："为人父母就像在园子里种花，旨在提供一个营养丰富、安全稳定的环境，让各式各样的鲜花茁壮成长；旨在为孩子提供一个健康、强大、多样的生态系统，让他们自己创造具有无限可能的未来。"这就是园丁式的养育，"并不给他们一个目的地，而是为他们的旅程提供给养"。

养育的困难在于，我们既要保护孩子，又要在合适的时候放手；既要允许孩子玩耍，又要促使孩子工作；既要传承传统，又要鼓励创新。养育就是在这一系列矛盾中寻找平衡的艺术。高普尼克从反思当下盛行的养育方式入手，提出了园丁式的养育观念，她不仅告诉我们应该怎么做，最重要的是，从进化论的角度切入，将孩子的成长放在社会学、人类学的广阔视野中，带着读者俯瞰生命生长的奥秘，了解亲子养育关系中因进化而来的种种本能及其理由，思考并理解园丁式的养育"为什么"才是对的方式。

为什么人类不能像很多动物那样，出生后很快就能自己照顾自己？为什么人类的孩子需要那么多的关爱？如果抚育不能带来可预测的改变，为什么还要这么做？高普尼克告诉我们，"无序"是解答这一切问题的钥匙。混乱是孩子生活的主旋律，"无论是对大脑、婴儿、机器人还是对科学家来说，混乱都有其价值。一个可以变化和演进的系统，哪怕是随机演变，都可以更加智慧、灵活地适应变化中的世界"。人类拥有一个非常漫长的童年，比其他任何物种都要长得多，人类为什么需要这么长的童年？这不是巧合，正是漫长的童年和混乱让"人类变化和探索的能力都达到了顶峰"。从这个意义上看，保护人类漫长的童年，让童年拥有恰当的"无序"和"混乱"是何等的重要。

《园丁与木匠》不是一本纯理论的书籍，它告诉我们"为什么"，同时也告诉我们"做什么"和"怎么做"。比如高普尼克告诫说："成为一位稳定且可以提供学习资源的照顾者要比成为一位直接教导式的照顾者更有价值。在依恋关系的研究中，我们看到孩子在获取知识时会根据不同的人和他们对这个人的感受来采取不同的学习方式。关系里最基本的信任要比教学方法更重要。"在《园丁与木匠》第六章"边玩边学"中，高普尼克论述了玩耍对孩子学习和成长的重要意义。科学实验告诉我们，幼时玩耍过的老鼠大脑与不曾玩耍过的老鼠有所不同，它们大脑中的有些区域变得更加复杂，有些则变得更加精简。幼时玩耍过的老鼠会在前额叶皮层负责社交的部位产生某些化学物质，尤其是胆碱类的神经递质，这些物质使它们的大脑更具可塑性，"玩耍并不能帮助老鼠做任何一件具体的事情，但能帮助它们学会以更灵活、更多样的方式做很多事情"。科学证明，在人类儿童中，早期的打闹游戏与长大后更好的社交能力有关。在第七章"边练边学"中，高普尼克就学龄期孩子的玩耍和成长作了论述，她告诉我们"重要的学习发生在教室之外"。当学龄期孩子与朋友玩耍时，他们正在发展合作、协调等能力，自发组织的课间活动"可能比课堂活动或有组织的课外活动和体育活动更有意义，也更具挑战性"。这些年遇到了不少玻璃心的年轻人，他们以自我为中心，对来自他人的批评和意见过度敏感，缺乏同理心，有的甚至存在一定的社交困难，读《园丁与木匠》我似乎窥视到了一些原因。诚如高普尼克所说："让孩子自发、随机、自主地玩耍有助于他们学习。但进化故事的另一部分是，玩耍本身就是一种令人满足的乐趣，它是父母和孩子快乐、欢笑的源泉。如果没有其他理由，玩耍时的纯粹乐趣就足够了。"我们为什么就不能让孩子乃至成人享受这种乐趣，并接受由此带来的馈赠呢？

　　被过度安排和严格控制的童年还是童年吗？失去了童年应有的样子，对孩子的未来也许会带来难以弥补的缺憾。让孩子失去了童年，甚至可能正在阻滞人类进化的步伐。这也许有点危言耸听，但《园丁与木匠》却不能不引发我们更加严肃认真地去思考：人类独特的漫长童年，应该是什么样子，应该怎样度过，才会让人生长得更美好，让我们的世界更美好。

读书见人

近日读书颇杂,有些一气呵成读完,如加·泽文(Gabrielle Zevin)的《岛上书店》、余华的《文城》等书;有的断断续续,多本书穿插着翻来翻去看,有感觉时略做摘记,选几则如下。

《教育未来简史》[伊恩·朱克斯(Ian Jukes)、瑞恩·L·沙夫(Ryan L. Schaaf)著,钟希声译,教育科学出版社出版]提出:"很多传统的教学和学习任务未来将由自适应硬件和软件所接管,那些只给学生硬塞知识、照本宣科,把教学生当成看孩子,只会通过选择题来考查学生的教师,注定将被取代和淘汰,就像现代全球化社会中白领和蓝领的命运一样。"事实上,近20年来,随着育人目标和课程价值的转变,教育对教师的要求早已发生了根本性的变化,照本宣科、硬塞知识的教师越来越不能适应教育的发展。如今,互联网上海量的学习资源,诸如可汗学院这样的学习平台,更让身边那些"只会传授知识"的教师越来越不受欢迎,逐渐失去价值。完全可以预见,随着人工智能的快速发展,传统教育中许多必须由教师完成的教育任务将被取代。生长在数字时代的学习者将如何学习?对现代学习者而言什么才是最需要掌握的?未来的教育者应该扮演什么角色?这本书告诉我们,无法因应未来作出改变的教师终将被淘汰，未来的教育必定属于那些能够洞见未来、主动拥抱未来的教师。

《艺术的慰藉》[阿兰·德波顿（Alain de Botton）、约翰·阿姆斯特朗（John Armstrong）著，陈信宏译，华中科技大学出版社出版]比较全面系统地回答了艺术的功能问题，并从不同的视角讨论了"什么是好的艺术作品"。这本书最核心的观点是"艺术是一种具有疗愈性的媒介，能够协助引导、规诫以及慰藉艺术品的欣赏者，促使他们成为更好的人"。如艺术可以使人重获平衡，原因在于"一幅画可能显得宁静安详或是躁动不安，勇敢大胆或是谨慎小心、谦逊或是自信、阳刚或是阴柔、散发中产阶级或是贵族的气息，而我们对哪一种作品的偏好便反映了我们每个人在心理方面的缺陷。一件作品如果能够弥补我们内在的脆弱，协助我们回归中庸之道，我们就会对这件作品产生渴求"。换句话说，人能够藉由艺术获取人生当中欠缺的事物，让内心恢复完整。作者认为，不仅是个人、群体，甚至整个社会，都能够从艺术中寻求平衡。"琴棋书画"对中国古代文人来说是标准配备，对他们而言，琴棋书画非为谋生之技艺，而是修身养性、陶冶情操的必经之途，所谓"兴于诗，立于礼，成于乐"是也，与本书观念多有相通之处。今人更多将艺术视为技艺，各种艺术表现或表演的技巧训练已到极尽精微的地步，是否已违艺术之真趣真意，值得思考。

读《学校会伤人》[柯尔斯藤·奥尔森（Kirsten Olson）著，孙玫璐译，华东师范大学出版社出版]颇有惊悚之感，书中大量故事来自作者奥尔森女士的原始采访资料，这些故事告诉读者学校中的伤害几乎无所不在：创造力之伤、顺从之伤、反叛之伤、麻木之伤、低估之伤、完美主义之伤、平庸之伤。普通学生会受到伤害，优等生同样也会受到伤害，如受"完美主义之伤"的通常是非常优秀的学生，而"当一个人有了完美主义的创伤，任何低于完美状态的东西都会导致负罪感、沮丧，以及再次决定要去实现不可能完成的任务。失败通向的是羞辱和自我厌憎"。学校伤害带来的创伤大大小小，有的会持续很久，甚至伴随终身。在所有的伤害中，最广泛的伤害也许就是"我们所有人在婴儿时期，从呱呱坠地起就与生俱来的学习渴望，常常被我们的学校教育给削弱甚至是摧毁了"。如何尽量避免学校伤人，让学校变得更好，让学校更适合人的生长？细读此书当能让办学者对学校、对教育怀有更多的敬畏之心。

夜读《暗夜传灯人》（杨渡著，中国文史出版社出版），读到作者送台静农先生两本在地下流通的鲁迅小说时，被这段白描似的文字震撼到：

> 我递上了书。他默默戴上眼镜，拿着书，微微倾斜身体，就着下午的日光，无声地端详着。然而，他并不翻动书本，也不动身体，只是看着封面上的木刻版画鲁迅的像。
>
> 许久许久，他没有作声。……他的眼神，片刻也未曾移动，只老花镜上的余光，在反光中，微微发亮。
>
> 不知过了多久，他恍惚转头看我一眼，又回头看着书，半晌，才仿佛自语地慢慢说："有点像，但也不是很像，似乎胖了点。他比较瘦。眼睛更有神……"
>
> 然而他又沉默了。

无声端详、自言自语、沉默……貌似平静，但其中的压抑和不经意间流露出的深沉情感足以让人动容。台静农与鲁迅曾交往甚密，亦师亦友，感情之深厚自不待言，但台静农先生下半生几无回忆评述鲁迅先生的只言片语传出，应与时局和自身之艰难处境有关，其心中必有非常之痛，亦有非常之念想而不得言。台湾当时党禁于人之压迫一至于斯，不能不令人扼腕。

以上几书看似无甚关联，细思之，却都有个"人"字在其中，《文城》《岛上书店》也是如此，读书见人，人在教育者心中越重，教育亦越有希望矣。

遇见即为永恒
——与教育图书之缘

遇见那么几本经典的教育书籍，对从事教育行业的人来说，很可能就是塑造或者改变职业生命的大事。

从教之初，我读到的第一本学科以外的教育图书是苏联教育家苏霍姆林斯基的《给教师的建议》。回首30多年从事教育工作的经历，十分庆幸自己能在职业的起步期遇见了苏霍姆林斯基。《给教师的建议》将"请记住：没有也不可能有抽象的学生"放在开篇的位置，简直有当头棒喝之效。这条建议说："可以把教学和教育的所有规律性都机械地运用到他身上的那种抽象的学生是不存在的。也不存在什么对所有学生都一律适用的在学习上取得成就的先决条件。"这成为我从教后始终奉为圭臬的教育原则，在遭遇困境时不忘提醒自己，每个具体的人都不相同，不能用一个标准、一把尺子去衡量所有的人，我也因此学会了必要的等待，学会倾心陪伴、静待花开。在这条建议中，苏霍姆林斯基还告诫道："在学习中取得成就——这一点，形象地说，乃是通往儿童心灵中点燃着'想成为一个好人'的火花的那个角落的一条蹊径。教师要爱护这条蹊径和这点火花。"这让我始终警醒绝不能放弃任何一个学生，哪怕遇到别人眼中完全"无可救药"的学生，我也要想方设法帮助他们找到成功的可能，为他们哪怕只是很微小的进步鼓掌。

记得1991年秋季开学,我接手了新一届初三的一个班级。这个班级初一、初二换过多任数学教师,数学成绩惨不忍睹:初二下学期期末考试,总分100分的试卷平均分比平行班低了17分,一大半的学生不及格。当时县里中考成绩除学校排名外,还按照科任教师任教的班级成绩来排名,校长担心我有畏难情绪,安慰我:"这个班只要中考不是全县最后一名,你就对学校有贡献!"让大家没有想到的是,92届中考,这个班级50多名应届学生数学只有一个学生考了69分(满分120分),其余学生都在72分以上,唯一一个不及格的学生是中考前从外县转学进来的,及格率、均分、综合比率(计入辍学等指标)三项排名都名列全县第一。事实上,在一线教学期间,我的教学成绩一直都比较突出,要说有什么秘诀,那就是《给教师的建议》馈赠给我的两个礼物:一是"让儿童在学业上取得成就是点燃他们想成为一个好人的火花",这一信念让我始终不愿意在学业上放弃任何一个学生,我的态度同时也影响着我的学生们;二是读书,带着学生读书,让他们学会自己阅读教科书,领着他们读那么几本课外数学读物,以此激发他们对数学的兴趣,培养他们自主学习的能力。苏霍姆林斯基说:"不经常阅读科学书籍和科普读物,就谈不上对知识的兴趣。如果学生一步也不越出教科书的框框,那就无从说起他对知识有稳定的兴趣。"《给教师的建议》中出现频率最高的词无疑是"阅读",苏霍姆林斯基不厌其烦地反复谈到阅读,诚如他自己所说:"无限相信书籍的力量是我的教育信仰。"这也成为影响我一生的教育信条。

《给教师的建议》让我受益的当然远不止此,这本书可以说是我职业早期的武功秘籍。班主任工作、问题学生的转化、学困生的学习指导与支持、家校联系沟通等,我所遇到的困难几乎都可以从中获得启发和帮助。

在教育战线上浸润了30多年,读过的教育图书不算太少,但能够在生命中留下深刻印记,甚至融入精神血脉的还是以经典的教育图书居多。意大利文学家卡尔维诺这样评价经典:"这种作品有一种特殊效力,就是它本身可能会被忘记,却把种子留在我们身上。"此言甚合吾心,读过的经典,具体的文字可能都难以清晰回忆起来，但其中的思想许多都成为现在这个"我"不可分割的组成部分，或者可以说，读过与没读过那些图书，"我"一定是不一样的。

30多岁时读到卢梭的《爱弥儿》，五卷近60万字，可谓洋洋大观，涉及教育的方方面面，虽然读得磕磕绊绊，但自然主义的儿童教育观却从此在我的思想里生根发芽。"大自然希望儿童在成人以前就要像儿童的样子。如果我们打乱了这个次序，我们就会造成一些早熟的果实，他们长得既不丰满也不甜美，而且很快就会腐烂：我们将造成年纪轻轻的博士和老态龙钟的儿童。"这幅可怕的图景深深刻在脑海中，让我从此坚定地认为，教育就应该以儿童为中心，遵循儿童成长的规律，顺应儿童的天性，在合适的时机实施合适的教育。

不惑之年遇见怀特海的《教育的目的》，大有相见恨晚之憾，反复读了不下五遍。《教育的目的》开宗明义说："学生是有血有肉的人，教育的目的是为了激发和引导他们的自我发展之路。""有血有肉"的人当然是一个个具体的、鲜活的人，这与苏霍姆林斯基所说的"没有也不可能有抽象的学生"在本质上是完全一致的，"人"是教育的唯一目的，每一个学生都是独一无二的生命存在，都是不可替代的，都应该获得同样的呵护和尊重。教育工作的一切出发点和立足点都应该是为了促进人的自我发展，学校就应该是一个让人感觉安全、充满善意、满怀美好希望的地方。"教育只有一个主题——那就是多姿多彩的生活。"一切的教育活动都应该围绕"生活"这一主题展开，生活是教育的灵魂，为此，怀特海提出了改进学校课程设置的一系列构想。在教学方法上，怀特海认为，生命中存在着很微妙的涉及智力发展的周期，它们循环往复地出现，每一个循环期都各不相同，且每个循环期中又再生出附属的阶段。怀特海将智力发展的这种周期性称为"节奏"，教育应该踩着这种"节奏"，在学生心智发展的不同阶段，应该采用不同的课程和不同的学习方式。《教育的目的》成书于百年前，但其思想即便在今天也仍然不过时，依然闪烁着智慧的光芒。《教育的目的》推动我对教育有了更加系统、深刻的思考和认识。

"教育就是一棵树摇动一棵树，一朵云推动一朵云，一个灵魂唤醒另一个灵魂。"据说这句话出自雅斯贝尔斯的《什么是教育》，用这么诗意美好的意象来描绘教育，让我对《什么是教育》产生了浓厚的兴趣。在当当网上购买到童可依的译本，遍读全书，并没有找到上面那句话，但却很庆幸因为这句误传的话让我与此书有了一次美好的相遇。《什么是教育》无愧经典之称，也难怪豆瓣上此书评分很高。读完童可依的译本，感觉意犹未尽，又在当当网上购买了《雅斯贝尔斯传》《何谓教育：雅斯贝尔斯教育漫谈》，其中《何谓教育：雅斯贝尔斯教育漫谈》可以视为《什么是教育》的另一译本，但其内容比童译本丰富很多，两相对照读，甚有意思。教育是什么？雅斯贝尔斯认为："教育是人的灵魂的教育，而非理智知识和认识的堆积。"因此，他十分反对强迫式的学习，认为在学习中没有被灵魂接纳的事物都停留在心灵之外，无法获得真正的理解。正因为教育的本质是灵魂的教育，是人的完整和完成，雅斯贝尔斯才认为教育首先是一种不可避免的基本关系，若教育者漠视学生的处境和心灵，所制订的教学计划便只会以自我为中心，在这样的师生关系中，教育的"任务"也会完成，但它却使生命了无生气、日渐枯萎，也就谈不上灵魂的唤醒。只有师生关系以爱为纽带建立起来时，合乎理想的教育才有可能实现。

以上几本书都当得起经典之谓，然教育图书浩如烟海，很多图书或许还不能称之为经典，但其中却也不乏好书。许多书值得一读再读，都能给人以某方面的深刻启迪，或拓宽知识边界，或颠覆固有认知，或打开新思想、新思维。

读儿童文学作品《特别的女生萨哈拉》，带我认识了一个不一样的教师——波迪小姐，她让我想起德国教育家第斯多惠所说："教育的艺术不在于传授本领，而在于激励、唤醒和鼓舞。"波迪小姐的故事很好地诠释了第斯多惠的这句话，让我看到了非同寻常的教育智慧和勇气，我相信这是一本对所有年龄段教师都有益处的书，它可能会唤起一个教师新的职业生命。儿童文学作家梅子涵先生在这本书的中文版序中说："我们都愉快地读一读。我们就都愉快地看见了高处，我们可以往那儿去！"不论是否经典，可以让人通向高处的书当然都值得一读再读。

值得读的经典或不一定是经典的教育图书很多，《理想国》《大教学论》《人的教育》《教育漫话》《规训与惩罚》《民主主义与教育》《我们怎样思维·经验与教育》《童年的秘密》《有吸收力的心灵》《儿童的人格教育》《帕夫雷什中学》《皮亚杰教育论著选》《教学勇气》《教学机智——教育智慧的意蕴》《教育的情调》《透视课堂》《静悄悄的革命》《学会教学》《可见的学习》《园丁与木匠》《运动改造大脑》《写给教师的心理学》等，不胜枚举，每一本书都有让人惊喜之处，都可以成为你向上攀登的阶梯。

还有一些图书，类属可能并不是教育图书，但其教育属性却也十分鲜明，我个人也很愿意将这些书归为教育图书。"学而时习之，不亦说乎？有朋自远方来，不亦乐乎？人不知而不愠，不亦君子乎？"这里包含着多么丰富的教育至理，学习必须与实践相结合，必须持之以恒，学习应该是朋友之间的切磋互动，学习应该为自己而学。"暮春者，春服既成，冠者五六人，童者六七人，浴乎沂，风乎舞雩，咏而归。"这是一幅多么美好的自然教育图景！《论语》中的教育智慧随处可拾，可以将其作为案头书，常翻常新。《小王子》《盔甲骑士》《旁观者》等在我看来也都是这样的图书，这样的书当然很多，是否将其视为教育图书，端看读者自己。

读所有的教育图书，我几乎都有一个共同的体验——相见恨晚！总是遗憾，如果能早点遇见这本书那该多好呀，也许我就能少走一段弯路，也许就有更多的人因为我的阅读而受益。法国摄影大师布列松提出过一个"决定性瞬间"的概念，他认为，生活中发生的每件事，都有一个关键性时刻，这一刻来临时，周围的所有因素会排列成最具意义、最为协调的几何形态，并显示出某一事件的完整面貌。对我来说，与每本书的相遇，或许都是这样的"决定性瞬间"，这个瞬间，我在改变，我在生长，一切都与原来不再一样。从这个意义上说，无论早晚，每一场与好书的相遇都恰逢其时，都可以从瞬间化为永恒。

看到"真实"是学校改进的基础
——读《学校诊断》有感

我所认识的校长中没有哪位校长不希望带领学校走向更高处,然而,真正能够带领学校不断前进、不断超越的校长说是凤毛麟角也不为过,学校改进的艰难让许多校长充满无奈和挫败感。

地处城郊的 A 学校在城市的快速扩张中旧貌换新颜,学校迁入新址,庄重大方的校门、崭新整齐的校舍、标准的四百米塑胶跑道、绿草茵茵的足球场,学校硬件设施可以和任何一所城市学校相媲美。与此形成反差的是,迁入新校已近三年了,学校在学生发展表现上却无明显改变,究其原因,校领导认为生源结构没有明显改变是主因,缺乏能够引领新教师的骨干教师是次因。既无好生源,也缺优秀教师,提升质量,校长似乎是巧妇难为无米之炊。

B 中学,学业质量监测水平一直在较低位上徘徊,学校也想了很多办法,但效果总是不尽如人意。与学校几位领导交流,普遍认为学校最大的问题是中老年教师比例太高,这部分教师职业倦怠明显,有些甚至完全无法胜任工作,学校教学能够维持现状主要还是靠年轻教师在支撑。谈起学校的未来,学校领导充满信心,理由是若干年后,那些无法胜任教学或有严重职业倦怠的教师退休后,学校教师队伍就会有自然的大改变。

C校是一所优质学校,学位供求矛盾异常突出,加之周边楼盘密集,土地资源稀缺,不具备新建成建制学校的条件,无奈之下,教育部门只能利用周边小规模地块建校舍作为该校的分校区来扩容。短短几年时间里,学校规模扩大了数倍,教师队伍急剧膨胀,新增了大量的教师,且学校校舍不集中,给管理带来了很多困难,学校教育质量有滑坡的风险。

类似这样的故事可能在很多学校里上演,乡村学校改进或转型可能会遭遇堵点,普通学校希望走出平庸却面临无法突破的瓶颈,优质学校亦会陷入因规模扩张或其他种种原因带来的困境。如何疏通堵点?如何突破瓶颈?如何走出困境?校长无疑是被寄予厚望的那个"关键"人物,而找到造成堵塞或困难的根源,当是解决问题的重要基础。然而,吊诡的是,作为"关键"人物,校长看到的问题或问题的根源往往与学校其他管理者或教师的认知并不一致。A学校的校长认为转型的堵点是生源和师资,很多教师则认为,A学校虽然外在形象是一所现代化的学校,但学校的管理却仍是粗放式的,现代学校制度建设没有及时跟上来,学校管理层缺乏创新意识、资源意识、课程意识,骨子里学校观念仍停留在"乡村学校"阶段。B中学的领导认为中老年教师的职业倦怠和教学能力低是学校发展最大的瓶颈,寄希望于未来。然则,一些青年教师却从那些中老年教师身上看到自己未来的身影,很显然,如果不从文化上去寻找原因,青年教师未来也很难避免步入倦怠的陷阱。C学校的管理层普遍认为学校面临的最大困难是生源素质整体水平有所下降、大量新教师涌入后培养难以及时跟进。但是,很多教师却认为,学校更大的问题是现有的管理方式与学校发展不相适应,学校未能在教师快速增长的情况下及时调整教师专业发展支持策略,教师专业成长缺乏标准和系统设计。不难想象,当学校领导与教师看到的"问题"乃至对问题深层原因的认识如此不一致时,校长领导下的学校改进恐怕也难以顺利进行,甚至南辕北辙,结果与预期相距甚远。

"冰山效应"是心理学、管理学上的一个概念,即常规条件下冰与水的密度比是 9∶10,因此冰浮在水上的部分只有其中的 1/10。如同水中的冰山一样,无论是个人的行为,还是组织的信息,可见的都只是显露于水面上那

1/10 的"冰山一角",而更大的部分通常是无法直接看到的。北京师范大学李凌艳教授所著《学校诊断》(北京师范大学出版社出版)以泰坦尼克号海难为例开篇,指出"想办法看到水面以下的'冰山'是每个人、每个组织避免被'撞沉'的唯一出路。对于学校管理者,这意味着需要获取更多管理者视线'以下'的、来自学生和教师的真实学校信息,才能更好地规避管理过程中可能出现的风险"。"冰山效应"是客观存在的,再高明的管理者也难以只依靠自己看到所有的"真实"。上文A、B、C三校管理者与教师对待"问题"的认识差异,足以印证李凌艳教授所言:"身处被管理者位置所局限的'冰山效应'却不自知,才是学校管理中最可怕的处境。"学校中无论是教师还是管理者,如果缺乏对自身认知局限的自省,导致的结果只能是"学生眼里的'我'不是我以为的'我',校长和其他干部眼里的'学校'不一定是学生和教师眼里的'学校'"。

完整地认识学校,全面清晰地看到学校中的真问题,无疑是学校改进和更好发展的基础。如何看到学校的"真实"?如何全面、客观、系统地看到学校中的真问题?如何从问题出发系统改进和促进学校发展?《学校诊断》是一本值得啃读的书。

评估是看到学校真实情况的常用手段,但"传统的自上而下或者由外向内的评估活动由于经常带来的'贴标签'功能,评价上的'价值判断'特性远远超过了客观、公正的评估过程的'工具与策略'性功能,反而给学校和师生徒增了很多负担,评价者和被评价者都陷入了无奈的尴尬境地"。李凌艳教授如此批评传统评估。的确,无论是传统的督导评估还是希望尽可能保持独立性的第三方评估,且不论评估方与被评估方能否真正达成一致意见,由于评估缺乏利益相关者的主动深入参与、评估量表或大而无当缺乏个性或过于细致失之于琐碎、评估方法凭借的多为经验而非科学工具、缺乏数据和实证意识等各种原因,评估所见基本也还是水面上的"冰山",结果很难真正运用于学校改进,难以达到"以评促改"的目的。而"学校诊断突破了传统外部评估的局限,本质上是由学校自身发起的,旨在实现学校改进的'元评估'过程。与外部评估不同,学校诊断结果均来自组织内部,反映了参与和公开的价值观念,所以,也就能更好地实现为学校决策提供全面、有效的信息，提升学校管理效益的功能"。学校诊断是对学校进行全面或有针对性的局部体检的有效工具。

《学校诊断》一书共七章，前五章回答讨论了为何要诊断、诊断什么、谁来诊断、如何诊断、如何运用诊断五个关于学校诊断的核心问题，让读者对"学校诊断"有一个比较系统完整的认识。第六章则结合学校诊断实例进行更加具体可视的分析讨论，让读者有更具象和整体的感受。读到这里，事实上作者已经把"学校诊断"这件事说清楚了。第七章"诊断愿景"，可以视为这本书的结语，这个结语在字里行间呼应了作者在首章就提出的学校发展价值愿景："与时俱进，将学校建设成为快乐成长、有效学习，教师幸福工作的地方。"而学校诊断，正是实现这一学校价值愿景的管理工具，也"可以是有效管理者的一种良好习惯"，诊断有开始，但它没有"结束"，它应该是"持续性、周期性和常态性的"，伴随学校不断改进、提升、发展的过程。

这是一本值得啃读的书，之所以用"啃读"，是因为有些校长说这本书很专业不容易读，"专业"的确时常让人望之生畏。本书文笔流畅，所涉概念皆有清晰定义，并不像某些热衷于堆砌生僻名词术语的"专业"书籍，只是读懂的话事实上并不难。但这样一本内容丰富精深的专业著作，要"真读进去"，还非得用"啃"的态度不可，静下心来，认认真真，且读且思，将书中文字与自身学校发展的问题乃至学校发展的未来愿景真正联系起来读，才会有真正的触动，有真正的大收获。

书再难读，总是可以"啃"下来的，更难得也更有意义的是，读完《学校诊断》，我们对自己学校的改进有了新的想法吗？我们已经有了通过"学校诊断"来推动学校发展的行动思考了吗？写到这里，我忍不住还要引用书中的一段话："只有具备了真正发展内需的学校，才会不断激发学校发展的内驱力，通过主动而有意识的学校自我评估和诊断，明晰学校发展的问题及亮点和优势；不断思考学校发展的真问题，追求不同阶段自我评估与诊断的与时俱进，现时的发展需要解决什么就诊断什么，然后在问题的破解中实现进步。"对一个永不满足于学校现状的校长来说，遇见这样一本书，应该会有一些惊喜。

旨在唤醒灵魂的教育
——读《什么是教育》有感

"教育就是一棵树摇动一棵树,一朵云推动一朵云,一个灵魂唤醒另一个灵魂",这句流传甚广的话据称是卡尔·雅斯贝尔斯说的。虽然寻遍雅斯贝尔斯关于教育论述的结集《什么是教育》都找不到这句话的影子,但用这句话来概述雅斯贝尔斯的教育思想倒也十分熨帖。

卡尔·雅斯贝尔斯是 20 世纪杰出的存在主义哲学家、神学家、精神病学家、教育思想家,是存在主义的奠基人之一。雅斯贝尔斯 1883 年 2 月 23 日出生于德国,曾在海德堡大学任教。1948 年,雅斯贝尔斯赴瑞士巴塞尔大学工作,随后定居巴塞尔,直至 1969 年辞世。雅斯贝尔斯著述等身,在精神病学、宗教、哲学、历史等领域都有极大建树,其作品影响深远。《什么是教育》是雅斯贝尔斯关于教育论述的结集,主要讨论了教育的本质、什么是现代教育、现代学校尤其大学的教育应如何进行,包括教育的反思、教育与家庭、教育与友谊、教育与中小学、教育与大学、教育与国家、教育与传承、对于培养的深思、教育改革的双面性、大学的哲学学习、升学与机会平等、权威与自由、集体与个人等章节,可谓洋洋大观,涉及教育本质、教育内容、教育方法、教育功能、学校教育、家庭教育等诸多方面的思考。

雅斯贝尔斯作为存在主义哲学大师，《什么是教育》虽是作者关于教育本质的思考，其思想、思维根底却离不开存在主义哲学，对绝大多数读者而言，读起来有一定难度是很正常的，我个人在阅读中对此深有体会。但面对这样一本教育经典，望文生畏，以致与之失之交臂，那绝对是有意探寻教育奥秘的人的一大损失。对经典，阅读中遇到理解上的困难时，我的态度是暂时绕过去，不在个别段落乃至章节上纠缠，如陶渊明所言"好读书，不求甚解；每有会意，便欣然忘食"。一本好书总不乏精彩之处，《什么是教育》就是如此，字里行间都闪耀着智慧的光芒，对任何读者而言，"有会意"处绝对都不会少，哪怕只得一鳞半爪，也自欣然，也是受用不尽。"读书百遍，其义自见"，《什么是教育》值得反复玩味，每隔一段时间再读或许又会有不同的发现，这也是经典之为经典的魅力所在。

教育的本质是什么？雅斯贝尔斯认为，教育应该关注的是"如何调动并实现人的潜能，如何使内在的灵性与可能性充分地生成"。换言之，"教育是人的灵魂的教育，而非理智知识和认识的堆积"。他断言，一个人若只将自己局限在纯粹的知识中，而忽视了精神的生长，哪怕他学识出众，他的灵魂也是不健全的。因此，雅斯贝尔斯十分反对强迫式的学习，他认为，在学习中，没有被灵魂接纳的事物都停留在心灵之外，无法获得真正的理解。

正因为教育的本质是灵魂的教育，是人的完整和完成，雅斯贝尔斯认为教育首先是一种不可避免的基本关系。若教育者漠视学生的处境和心灵，所制订的教学计划便只会以自我为中心，在这样的师生关系中，教育的"任务"也会完成，但它却使生命了无生气、日渐枯萎，也就谈不上灵魂的唤醒。只有师生关系以爱为纽带建立起来时，合乎理想的教育才有可能实现。教育与训练、照例、控制不同，教育应该是平等关系中的交流、对话、自我觉悟，"爱的理解是提升师生双方价值的因素……只有保持无尽的追问和开放的态度，以谦和的目光看待他人，爱才有可能实现"。在以爱为纽带的教育关系中，年轻的学生才会被真正"唤醒"，感到"自己仍然可塑，充满可能性。他意识到，要成为更好的人，完全取决于自身，取决于日常的生活方式、生命的每一瞬间以及灵魂的每一次冲动"。爱是教育的根本力量，教育中的爱，并非屈身俯就，而是一种精神性的交往，一种自我升华，是付出也是得到，是互利性的"在相互存在中实现，一个真实的自我与另一个真实的自我在彼此互爱中联系起来，这样，一切事物才能在存在的光辉中敞亮"。

教育是灵魂的唤醒，唤醒的本质是让人成为自觉的人、主动生长的人、完整的人。雅斯贝尔斯对教育的异化——"教育被降格为培养工具化的、驯顺的人的活动"感到忧虑，他强调"对于儿童来说，最重要的不是掌握科学，而是以直观的形象充实他们的精神世界"。他认为，就本源上而言，人渴望成为真正的人，而非异化的人，因此"唯有将人引向自身的、无目的的转变，才能使人在内心对可能的沉沦有所准备，从而得到救赎"。也许正是在这个意义上，雅斯贝尔斯对过度的计划表示怀疑，某种狂热的计划很可能与教育的初衷背道而驰，真正的教育根本上还需仰赖那些不断自我教育的教育家。"他们在与他人的交往中持续地付出和倾听，恪守自己的理想与唤醒他人的信念，通过在传统中学习和实践而找到一条未被限定的道路。"从根本上说，教育无法完全被"规定"，更不可能由他人替代完成，应该在内部生成，让人能够主动地、最大可能地发现和发展自己，使其"内部灵性与可能性"得到充分的发展。

雅斯贝尔斯讨论了三种历史上基本的教育类型：经院式教育、师徒式教育、苏格拉底式教育。在经院式教育中，人们普遍怀有这样的一种想法："去学校就是学习固定的知识，掌握现成的结论，将'白纸黑字带回家'。——这种经院式教育是西方理性主义传统不可或缺的基础。"在师徒式教育中，"教师人格的权威具有神奇的力量。这种力量满足了人们顺服他人而放弃自身责任的需要，使人在一种联结中获得依附的轻松感，增强自我意识，实现自己力所不能及的严格教育"。在苏格拉底式的教育中，教师与学生处于平等地位，双方都追求自由的思考，"教育不是有知者引领无知者，而是人们携手走向自我，从而使真理向他们敞开"；通过"助产士"的教学方式，唤醒学生的内在潜力，促其产生自发的力量；反对权威，关注自身，师生之间没有屈从和依赖，师生共同在无止境的探索中实现自我。显然，雅斯贝尔斯推崇的是苏格拉底式的教育,认为在这种教育中"学生对精神的无限性怀有敬畏之心,这种精神的无限性赋予人超越自身存在的重任",这与雅斯贝尔斯对教育本质的认识是一致的。

值得一提的是,与邹进、童可依两位先生的译本不同,杨耘硕先生的译本《何谓教育·雅斯贝尔斯教育漫谈》内容更加丰富,第一章"教育与家庭"是邹、童译本所没有的,尤值一读。此章以回忆的形式讲述了作者童年的家庭生活和教育经历,回忆父亲时他写道:"不知不觉中,父亲已经成为我们的榜样,但这并非其刻意为之。"他深情地回忆父亲带着他认识了自然的神圣,带他捕猎、滑冰、绘画、读书和旅行,他说"父亲借助自己的榜样作用以及在决定性时刻作出的判断,用自己的理性、可靠、忠诚的精神教育了我"。回忆母亲,他说道:"对于母亲而言,绝望是不存在的。在任何情况下,她都能用行动来鼓舞他的孩子。母亲永远不会缺少勇气,她一生都在激励着我们。无论什么事,即使在悲伤的阴影下,母亲都能酝酿出欢乐的情绪。对于他的孩子们而言,母亲的存在是一股巨大的力量,也是最后的庇护。"雅斯贝尔斯虽然经历了两次世界大战,遭遇了职业和事业发展的波折、变化,以及在别人看来也许是曲折的经历,但他自己平静地回忆说:"在回忆我生命的最初时期以及以后所经历、遭遇的一切时,我感到自己的一生顺当平稳、始终如一,没有什么曲折巨变。"《雅斯贝尔斯传》的作者汉斯·萨尼尔这样说:"雅斯贝尔斯还有一个基本经验,即体验到人性的可靠性,孩提时代这种经验来自于父母,后来便来自于他的妻子。他妻子把她自己的此在全部奉献出来,用以维持雅斯贝尔斯的此在,而从未感到是什么牺牲,她是'伸入这个世界的一只臂膀',给予雅斯贝尔斯安全,并且使他有可能悉心地在精神中遨游。"我相信,雅斯贝尔斯教育思想的形成与其家庭生活有着千丝万缕的关系,父母的爱和教育方式是孕育雅斯贝尔斯教育思想的原初土壤。了解雅斯贝尔斯的生活和教育经历对解读雅斯贝尔斯的教育思想应该是有助益的。

雅斯贝尔斯的教育思想博大精深,深刻探寻了"什么是教育"这个最本源的问题。读雅斯贝尔斯,无论对教育者自身,还是对当前教育的整体改革而言,无疑都具有重要的启迪意义。

每一所学校都可以为学习负责
——读《可见的学习》有感

顾名思义,学校自然是一个以学习为中心的场所,好的学校应该为学生的学习负责,能够有效促进每个学生提升学习效能,获得最佳的学业。然而,走过许多学校,能够说明白哪些因素对学生学习的发生起到至关重要作用、有何证据证实、学校又是如何干预以确保这些因素更好地发生作用的人可谓寥寥无几,更遑论对学生学习负责了。薄弱学校改变最大的困境是学校通常将落后归因于生源质量、社区环境、家庭教育等方面,教师只对自己的教学任务负责,至于学生学得如何,基本处于一种听天由命的状态。

新西兰教育研究专家约翰·哈蒂(John Hattie)在所著《可见的学习——最大程度地促进学习》(下文简称《可见的学习》)一书中提出了一个很有创意的观点:如同保证电脑得以运行的关键是英特尔处理器一样,学校的成功也有一个这样的"英特尔处理器",这个处理器是使学校"硬件"和"软件"得以有效运行的核心属性。而我们通常热衷讨论的班级规模、课上分组、薪水与财务、学习环境和建筑的类型、课程、测评等,都不是这个核心属性。那么,确保学校成功运行的核心属性到底是什么呢?哈蒂将之称为"内置可见的学习"。

"教要对学生可见,学要对教师可见。学生更多地成为教师,教师更多地成为学习者，那么结果也就会更加成功。"这句话可以很好地阐释"内置可见的学习"。"可见"必须让学生看得见教师"教"的目的、方法、路径，清楚教师为何以此为起点、想要到哪里、如何到达，最终使学生能够成为自己的教师，明白自己对于自身学习的影响力，这也是一个人能够保持终身乐学的核心要义。"可见"要让教师看得到学生的学习，要清楚学生学习是如何发生的，包括学的动机、策略等学习要素以及学习进程中哪些因素对学习产生了显著作用，要十分清楚身为教者自己是如何影响学生学习的，并能由此作出调整和改进，成为学生学习重要的帮助者。"可见"最重要的是，教师要有这样一种信念：自己对学生的学习负有不可推卸的责任。用哈蒂的话来说，在学校所有可控的变量中，"教师是造成学生学习结果最大差异的来源"，教师应该清楚知道自己对于学生学习具有这种决定性意义的影响力。

《可见的学习》2009 年面世，这套书凝聚了作者及其团队持续十几年的研究成果，其研究始于 1984 年，书中分析的 800 多项元分析共涵盖了 52637 项研究，涉及 2.4 亿名学生，跨越了不同国家不同情况的学校，因此书中的论据都是以大量研究证据为基础的，其可靠性令人信服。值得一提的是，哈蒂认为《可见的学习》并不是指出教学的现状有多糟糕，恰恰相反，该书揭示的大多数对学业成就高于平均水平的影响均来自现实中成功教学的贡献，也就是说，几乎所有高效应量的影响都能在学校中找到"样板"。正如哈蒂写下的："我遇见过极具魅力的教师，他们以本书所概况的原则进行教学，并且切切实实带来了变化。他们按照这里概况的原则而进行教学工作。他们反思自身，他们为学生没有取得适当的进步而担忧，他们寻找成功和差距的证据，当教学上有需要的时候他们会寻求帮助。未来是充满希望的，因为在我们的学校里有很多这样的教师。"事实上，这段话几乎概括了一个优秀教师应该具有的品质，"反思自身"是一个负责任的教师所具有的职业态度和良好的工作习惯，反思让教师不断从自己的实践中学习，从而更加深刻认识自身的影响力，并不断提升自己促进学生学习的能力；"为学生没有取得适当的进步而担忧"体现了教师高度的职业责任感，明白自己对学生学习负有重要责任，这正是教师成长重要的推动力;"寻找证据"表明教师具有良好的科学精神和专业素养,不是凭借经验或直觉来判断,而是成为教与学的研究者,通过确凿的证据来寻找通向成功的路径,让自己的教可见,让学生的学可见;"寻求帮助"说明教师不但把自己视为需要支持和帮助的学习者,同时具有良好的共同体意识,在与同伴以及专业人士的合作互助中实现更好的成长。哈蒂将此类教师的教学称为"灵慧和热忱地教学",让学校中的教师普遍都能"灵慧和热忱地教学"是重要的"内置可见学习"。

《可见的学习》可以作为一本指导教师成为"灵慧"教师的成长操练手册。哈蒂用了很大篇幅从备课、开始上课、课中学习、课中反馈、结课等环节对教师如何灵慧地教学进行了详细的指导,并提供了诸多练习。如在"开始上课"这一章节,哈蒂非常重视课堂氛围,将其看作促进学习的关键因素之一。课堂氛围的积极因素包括:教师能够熟练地减少对每位学生学习流程的中断,能够做到"把握全局",能够识别出潜在的行为或学习问题,并快速采取措施予以解决。这样的课堂是以关心、信任、合作、尊重为基础的,是"容忍错误且欢迎错误的地方"。针对"满堂灌"的课堂现象,哈蒂指出:"现在大多数教学都是教师话语占主导,但是这样的话语往往带来最低的学生参与度。……如果教学具有挑战性和相关性,并在学业成就上提出严格要求,那么所有学生都会有更高的参与度,教师话语也会相应减少——而最大的受益者要数那些处于边缘、可能掉队的学生。"他同时告诫:"要求教师住嘴,并不是要让学生从事忙碌的工作(甚至更糟糕的是,让学生完成作业单),而是让学生发起富有成效的关于学习的话语。"这些具体明确的教学观念以及层层深入的操作性阐释对教师改进"教"的方式,让教与学都能清晰展现在师生眼前。阅读思考这本书各章节呈现的观点和由此展开的讨论,再结合附录中"影响学业成就的因素列表"相关影响因素效应量的描述,对我们的教学做更加系统的研究非常有帮助,相信对教学的改进也会大有助益。

第九章"教师、学校领导和教育系统的心智框架"是这本书极其重要的一个章节,旨在概括一个可以对学生的学习产生最佳影响的学校变革模型。如在

"面向学校领导的模型"中，哈蒂认为："教师留在一所学校或教学岗位的一个重要原因，是获得学校领导者的支持，从而使他们能够发挥积极作用。"而"学习型领导是教师留在教学岗位的最强诱因"。学习型领导的关键作用在于推动学校教师学习，引领教师以有效的方式思考自己的影响，促进教师平稳持续地成长，并且这种成长是清晰可见的，从而激发教师更加热爱自己的工作。这一章提出了教师（领导）应该是学习效应的评价者、教师（领导）认为他们对学习负有责任并为此成为变革者、教师（领导）应该更多讨论学而不是教等"支撑我们在学校中的每一项行动和决策"的八个心智框架。这八大心智框架可以视为对前面各章节观点的一个概况性总结，是集大成之作，可以作为实施"可见的学习"变革、学校管理者和教师首先应该学会的底层思考方式。在这一章，哈蒂提出了十个帮助家长和学生识别"优质学校"的问题，如"在操场上学生是否会互相正视对方的眼睛？或他们会避免对视，又或者按照小圈子分开坐"。这些问题都基于对现象的观察，以此评价学校貌似有些草率，但背后的逻辑却非常值得深思，不妨在自己学校试着测评一番。全书以此章收尾，具有十分明显的意味，哈蒂事实上提供了一整套学校改进的方案，他应该希望这本书能够帮助所有学校都成为一所可以为学生学习负责的学校——这个学校中的每个人都能"认识自己的影响力"，并成为"自己影响力的测评者"。

学校教育的目的当然远不止学业，但学生获得学业上的进步和成功，能从学习中获得探索的乐趣和成功的喜悦，却是学生爱上学校的重要理由，也是学生有可能持续保持浓厚学习兴趣的理由。学校理应为学生获得有质量的学业学习付出不懈的努力，对此，哈蒂提供了一条可资借鉴的路径。

为了儿童的课程建设
——读《食的初体验》有感

选择"食育"这个主题来开发构建园本课程,在我想来,既是一种眼光和智慧,也是一种勇气,更需抱持一种信念。

饮食之于中国人远不是"吃饱"这么简单的事情,《论语·乡党》篇有"食不厌精,脍不厌细"之语,可见中餐治食之考究古已有之。"秋风起兮木叶飞,吴江水兮鲈正肥。三千里兮家未归,恨难禁兮仰天悲。"西晋时,苏州人张翰在洛阳为官,某年西风乍起时,他想起家乡正当肥美的鲈鱼,提笔写下此诗,而后便辞官归去故里。在这里,鲈鱼之美味,不只是勾起口腹之欲,更是满溢乡愁。"无竹令人俗,无肉令人瘦,若要不俗与不瘦,除非天天笋炒肉",据传这是东坡先生写的打油诗,饮食不仅关乎身体,还事关精神气质,虽有调侃之意,却也雅俗共赏。东坡先生另有诗句"蒌蒿满地芦芽短,正是河豚欲上时",蒌蒿、芦芽、河豚皆是美味食材,荤素搭配,以食入诗,饕餮之客读来自能领会其中妙处。饮食还与养生密不可分,中医自古以来就有"药食同源"的理论,元代《饮膳正要》中有这样的论述:"春气温,宜食麦,以凉之;夏气热,宜食菽,以寒之;秋气燥,宜食麻,以润其燥;冬气寒,宜食黍,以热性治其寒。"饮食应该顺四时而适寒暑,人方能有健康体魄。人类从茹毛饮血到食不厌精，从食不果腹到食物极大丰富，经历了漫长的历史，一部饮食史就是一部人类的奋斗史、发展史，饮食文化可谓源远流长，蔚为大观。民以食为天，食不仅是生存之根本，其中更有情感、有审美、有文化，正所谓"饮食男女，皆是生活"，这是"食育"课程可以枝繁叶茂的土壤。能够看到"食育"中德、智、体、美、劳五育皆蕴的教育价值，看到"食育"搭建五育互通课程体系先天条件具足，这就是眼光和智慧。

然则，从概念到课程，这之间却也可能隔着千沟万壑，看到了不等于就一定能够达到。"一粥一饭，当思来之不易"，这也是食育，但在一个衣食无忧的时代，如何让"来之不易"与孩子的生活经验发生联系，如何让孩子体验到"一粥一饭"皆是自然的馈赠，是人们艰辛劳作的结果，从而唤醒孩子的感恩之情和珍惜物力之心，需要精心的设计，需要一定的教育支架来帮助达成。若只是单向灌输道理，教育可能永远不会发生。食之一道不乏各种教育素材，但素材与课程之间还有着相当遥远的距离。园本课程应该是以学习和体验为中心的课程，食育课程如何才能够满足孩子们的学习需求？食育课程如何点燃孩子们的学习热情？饮食一道包罗万象，哪些可以进入课程？食育课程如何贴近孩子的生活经验，与孩子的生命发生联结？课程的顶层设计、课程的开发与实施、课程图谱的建构等皆非易事。选择"食育"这样一条课程路径，对一所新生的幼儿园、一位年轻的园长、一支年轻的教师团队来说，需要非凡的勇气。

蔡一娉园长在自序中回答了"为什么做食育"这个问题，一言以蔽之，就是为了儿童的终身健康可持续发展。"一切为了儿童"，正是始终抱持这样的教育信念，才能支持教育者殚精竭虑、克服种种困难去寻找、去努力构建与每个孩子生命息息相关，能够真正帮助孩子更好地认识世界、认识自我的高品质课程。海沧天竺幼儿园蔡一娉园长带领她的团队在"食育"这方田陌上躬耕六载，"食育"课程渐成体系，过程中的付出与艰辛自不待言。翻开《食的初体验》，我看到了渐行渐远的一行足迹，看到了逐渐汇聚成流的教育智慧，看到了爱的信念和教育的勇气。

"日拱一卒无有尽，功不唐捐终入海"，以此文向蔡一娉园长及其团队致敬。

做教师真难，做教师真好
——读《指向核心素养的阅读教学》有感

读完邓玉秀老师送来的《指向核心素养的阅读教学》书稿，不禁肃然起敬。掩卷而思，占据头脑的竟是这句话"做教师真难，真好"，这是多年前读过的钱理群先生的一本书名，偷个懒，就盗用钱先生的书名为题吧。

做教师，真难！非用心学习、思考、研究、书写者断难成为好教师！

教书30多年，邓玉秀老师始终走在学、思、研的路上，笔耕不辍，可谓用心矣！邓老师是善学者，书中引经据典足见其阅读之广博，向前辈名家名师学习，也是邓老师坚持的学习之道。在聆听于永正老师的课后，她对"重习惯，教在不明处""重情趣，教在幽默处""重积累，教在疑难处""重感悟，教在重点处""重迁移，教在提升处"的"五重教学"有了更深的认识和感悟，并且"不住地对照、反思与建设着自己的课堂"，学之，思之，并为我所用，这是真正的善学。邓老师也是善研者，如"先学后教"是基于建构主义的一种教学范式，然而先学学在何处，后教又当如何教？若没有学科化、教学化的认识，是运用不好这种教学范式的。邓老师则研究总结出了：先学在梳理整合处、实践体验处、拓展延伸处三种"学"的策略，后教教在方法习得处、言语赏析处、表达运用处三种"教"的方法，并结合大量实践课例予以阐释。可以想见，教师对"先学后教"的阅读教学有了这样清晰的认识和把握，也就打通了从抽象范式到具体教学实施的通道，其教学效果自非盲目运用模式者可比。邓老师自然是善写者，十年，20多万字的书稿，这背后当然远远不止20万字，把所有的教学感悟思考都诉诸笔端，流淌成一篇一篇的文字，日积月累，蔚为大观。"写"是让思想更加系统、更加深刻的必要途径，如邓老师执教《唯一的听众》一课，进行了三次教学实践，并详记了三次课的教学实录，最后她写道："此课的教学实践再次让笔者找到了语文教学回家的路。它实现了工具性与人文性、读与写、训练语言和发展智力、课内与课外的多项结合。……形成了和谐发展的大语文教学观，有效地提高了学生的语文教学综合素养。"没有写作的自觉，恐怕就很难有"找到了语文教学回家的路"之欢欣喜悦。

做教师，真难！非用情至深，热爱教育，热爱学生，亦难成好教师矣！

邓玉秀老师十年前出版了自己的第一本书《行走在爱的路上》，这十年，邓老师依然走在这条"爱"的路上。因为热爱，她不断探索为了人的发展的教学。如针对外来务工人员子女听、说、读、写、思、疑等综合素养的缺失，她研究并实践"以课堂参与为渠道，课前分享为平台，读书积累为抓手，生活体验为纽带"来培养他们"认真聆听、快乐表达、自主阅读、真情写作"的能力，让他们"逐渐成长为有能力、有智慧、有灵气、有品位、可持续发展的城市新主人"。因为热爱，邓老师对教学保持着敬畏，她说："对教师来说，最重要的是持续的态度，要清醒地认识到自己所做所教的功能和价值。教师必须思考课堂练习所可能导致的学生对待文学的各种态度，而最重要的是避免课堂经验令学生失去文学乐趣。"这份清醒和克制无疑是可贵的，因为爱，我们才会小心翼翼。因为热爱，她从未停止前行的脚步，她说："路曼曼其修远兮，吾将上下而求索。绘本教学的道路就像一条长长的路，作为一个初学者我才刚刚迈出第一步，未来的道路还很漫长，沿途中的美好与惊喜正等待着我去慢慢发现与品味。"

做教师，真难！做教师，做一个负责任的好教师，真不容易，需要付出很艰辛的努力，需要持之以恒，用心、用情，乃至用生命。

做教师，真好！生命的最大奇迹是，用爱可以孕育爱，用生命可以润泽生命。真正热爱教育、热爱学生的教师，内心都是幸福的，所谓教学相长，好教师和学生是相互滋养、相互成全的。邓老师的欢欣喜悦流淌在她的文字中，读着读着，字里行间似乎就都是她幸福的笑脸，正如她说的"相信在心灵的对话中，在人性的光辉中，在充满童真童趣的字里行间中，你眼中的世界一定会变得更加纯真美好"。

好教师的世界是光明美好的，好教师本身就是这个世界的一道道光，做一个幸福的好教师，真好！

繁星点点耀夜空

东孚一学区组织骨干教师培训，开展教师共读《给教师的建议》活动，并将教师的培训学习成果编辑成册。翻看陈辉影副校长给我的样书，犹有淡淡墨香。品读其中的文章，在氤氲的墨香中，仿佛看到了一群年轻的背影正走向明亮那方。那方光明越来越炫目，他们的身影渐渐被光芒四射的光圈所笼罩。我想，沿着这条路走下去，那就是他们终将到达的地方。

没有好的教师就不可能有好的教育。好的教师应该是什么模样的呢？读《爱弥儿》时，卢梭对教师品质的一段论述颇让我震撼，时过多年依然印象深刻。他是这样说的："有些职业是这样高尚，以致一个人如果是为了金钱而从事这些职业的话，就不能不说他是不配这些职业的：军人所从事的，就是这样的职业；教师所从事的，就是这样的职业。"

成为一名好教师，首先需要有好的德性。卢梭认为，好教师不应该是为金钱而工作的人，而是为梦想、为爱而工作的人。前人喜欢用"春蚕""蜡炬"来隐喻教师，也颇有此意。但在我看来，教师是一个崇高的职业，却不应该是只有单向的付出和牺牲的职业，而是与学生相互成全、相互滋养的职业。现代科学研究表明，大爱和利他可以让生命获得升华和超越。好教师，有坚定的教育信念，追求生命的崇高意义，懂得以爱育爱，照亮别人，也照亮自己。"懂得爱"需要方法和智慧，这是需要学习和思考领悟的，读书无疑正是学习并引发思考的一种重要凭借。

成为一名好教师，仅仅有好的德性和品行是不够的。"师者，所以传道受业解惑也。""道"的认识高度，"业"的专精度，"传""受""解"的能力，综合决定了"师者"是否能够很好地履行职责和达成使命。可见，好教师还需要专业水平、方法策略、教育智慧来支撑。不仅如此，一个优秀的教师，对教育的本质应该有自己深刻的理解，能够在任何情境下选择合适的教学方法和策略，知道如何指导和激励学生自主学习，知道如何成全一个生命更好地绽放。而这些，同样需要持之以恒地学习，需要历经锤炼才能逐步提升与发展。

《繁星》收录了东孚一学区骨干教师培训班学员自我发展规划、读书心得、培训感悟、教学论文、教学基本功训练等相关文章或作品。自我发展规划，体现了教师自主发展的意识和发展的主动性。黄思绮老师说："我希望自己能成为一名优秀的、深受孩子喜爱的美术老师。"陈阳阳老师说："站在讲台上，心中就有了一份沉甸甸的责任！怎样才能无愧于这份神圣的工作，是我一直在思考并努力解决的问题。"强烈的自我成长愿望，正是教师发展的基础。阅读，是教师自我发展最好的阶梯。东孚一学区骨干教师培训将苏霍姆林斯基的经典著作《给教师的建议》推荐给老师们阅读，唐培玲老师在读完全书后说："我试着将100条建议条分缕析成这六大主题，就这些主题，我整理了自己的读书笔记，并写下读书随笔。"她如饥似渴地汲取书中的养分："《什么是从事教育教师工作的才能，它是怎样形成的》这一篇提到，心灵与理智的和谐是具备教育才能的特征之一。在我的理解里，心灵就是要有饱满的热忱、对人由衷的关怀，理智就是要有控制冲动的冷静和处理矛盾的智慧。"深入文本与作者对话，提出自己的见解乃至批评，这样的阅读才是真阅读，才能真正助力教师成长。实践中的研究和思考更是教师成长的必经之途，刘倩老师对低年级古诗文教学策略的思考研究、胡嘉颖老师对课堂朗读教学有效性的思考等，都是指向提升教学效能的行动研究。教师面对的是有着不同生命经历的儿童，人性的复杂，生命成长的各种可能,教育情境的丰富多变,都决定了没有任何一种理论、一种方法可以像万能钥匙一样打开教育这把锁。教师的成长,离不开学习,更离不开对教育在场的思考。只有形成系统反思的自觉,教师才可以不断深化对教育的认识,不断提高教学水平和教育艺术,不断认识自我、超越自我,逐渐明晰教育思想,形成自己的教学风格,由此不断靠近教育的理想境界。

东孚一学区举办骨干教师培训班,这是学区推动和支持教师专业成长的重要举措。约翰·哈蒂在《可见的学习》中指出:"教育的结果取决于由学校领导引领的、得到整个系统的支持和滋养的教师们。"好学校不能没有好教师,而好教师的成长,离不开学校这个系统的"支持和滋养"。东孚一学区在学区层面迈出了支持和滋养教师成长的重要一步,我相信学区和学校都能够继续往前迈进,为教师发展提供更优质、更持久、更有深度和温度的支持和滋养。

几颗星哪怕再明亮,对于浩瀚深邃的天空都是微不足道的,只有满天繁星,才能光耀夜空,璀璨夺目。我期待看到东孚片区繁星点点耀夜空的时刻。

中 卷

行之道：拥抱变化，走向未来

谈谈学校的"教养"

参加区青少年足球联赛闭幕式，见工作人员拖着一个移动音箱到操场，我以为学校音响系统出故障了，询问后方知因学校最近一段双休日承办的赛事比较多，周边居民投诉噪声扰民，承办赛事的海沧区少年儿童体育学校与厦门双十中学海沧附属学校商量后遂决定闭幕式改用小功率的移动音箱以控制音量及声音的传播范围，尽量减少对学校周边居民的影响。

恰好近段时间经常听到家住某学校附近的朋友和同事抱怨，学校为举办一项大型的体育展示活动，近几个月来，几乎每天放学和双休日都要组织学生训练，高音喇叭高分贝的声音让人心绪不宁，日复一日，很多居民不堪其扰。有居民找学校领导沟通，学校相关负责人理直气壮地说：想不受影响，当初就不应该购买学校边上的房子！沟通无果，学校依然按自己的方式组织训练。谈起此事，朋友觉得学校的表现太傲慢了，但也无可奈何。

类似的事情，两所学校的应对方式大不相同，双十中学海沧附属学校积极回应居民的反映，想方设法减少活动对周边环境的影响，这种姿态，无疑更让人欣赏。

的确，学校作为教育机构，免不了举办各种活动，毗邻学校的居民，生活很难不受到影响。早操、运动会、大型文艺活动等几乎都要用到高音喇叭，频繁的噪声污染让人心生烦躁。学生上学放学时段难免交通拥堵，也会给居民出行带来困难。凡此种种，居民在购房时应该都要有心理准备，选择学校毗邻而居，方便了子女就学，甚至享受了所谓"学区房"的福利，有一得就有一失，付出必要的成本似乎也是理所应当的。然则，这种"理所应当"是不是意味着居民对学校活动带来的"扰民"影响不满时，学校就可以理直气壮地予以驳斥，是不是就毫无协商、改善的可能？双十中学海沧附属学校的做法让我们看到了学校对周边居民意见的重视，看到了学校主动向邻里释放的一种善意，我以为这正是学校的"教养"。

教养是人对待他者和所处环境的态度及由此带来的行为方式，是人内在的文化和品德修养。尊重是"有教养"的基础，发自内心地尊重他人，尊重所处的环境，才会设身处地去理解他人的感受，才会有"己所不欲，勿施于人"的自觉。教养虽然是针对人而言的，但一个机构其实也有与周围环境相处的态度和交往方式问题，这种态度和交往方式不妨也可以称之为此机构的"教养"。学校也不例外，学校的教养当然是这所学校中的人赋予它的，也可以说它是一所学校内在文化品格的反映。学校作为传授知识和传播人类优秀文化的教育场所，其"教养"相比于其他机构，尤显重要。

学校中的教育无处不在，学校的"教养"也是重要的教育资源。学校道德教育无不要求学生有社会公德，比如与人为善、乐于助人，在公共场所言谈尽量轻声细语，避免干扰和影响他人。但倘若学校在与社区的互动中，表现的却是我行我素的自私冷漠，是居高临下的傲慢，学生在家长、在社区居民中听到的只会是不满学校的声音，学校言行不一，无疑会使教育效果大打折扣。有教养的学校，会深切关注周边的环境，将自己视为社区中平等的一分子，自觉为周围环境的建设和改善尽己所能。社区环境最重要的当属人际环境，学校尊重周边的居民，重视社情民意，尽可能减少或降低因举办活动对周边居民带来的不利影响，即便无法消除影响，也乐于主动沟通解释，并向居民表达歉意，呈现的就是一种良好的教养。学校的这种"教养"，既为建立良好的社区人际环境树立了典范，也会潜移默化地影响和教育着自己的师生，在他们身上打下共同的教养烙印。

学校"教养"的核心是尊重。学校尊重所处的人文环境和自然环境，开门办学，共享资源，主动对话，与环境和谐共处，成为良好环境的积极建设者，这是学校教养的重要表现。学校教养当然不仅仅表现在学校和外界的交往姿态上，更表现在学校内部的人际关系上，学校尊重自己的师生员工，不因人的起点和发展不同而有歧视、贬抑。尺有所短，寸有所长，学校中的师生亦是如此。学校要善于发现每个人的长处，长善救失，平等待人，让每个人在学校中都能感受到善意，都能有发展的空间，有成长的动力。这样的教养，让学校高贵，也让学校真正成为使人心生向往的地方。

学校的"教养"应该源于文化自觉。学校作为文化传承、传播的教育机构，自然而然也被视为所处区域的文化高地和文明窗口。作为学校的源头，无论是古老东方的稷下学宫，还是西方持续了整整900年的柏拉图学园，都极大地影响着当时乃至后世的文化，学校自应有其文化自觉，有其神圣意味。从这个意义上说，学校扎根于一块土地，不但须履行其自身应该承担的教育教学职能，也须对这块土地上的人负有一定的教化之责。这种教化，不需要说教，只需学校以一种良好的"教养"屹立于此，春风化雨，润物无声。

也谈学校特色

这些年，围绕学校发展，"特色"一直是个热词，有谈学校发展必言特色者，认为"特色"是好学校应有之义，所谓"人无我有，人有我优，人优我特"，颇有"不创特色誓不罢休"之势。亦有不以为然者，认为基础教育强调的是全面发展，是为学生未来发展奠基，国家规定了基本的课程和培养目标，学校之间共性大于个性，既难以形成所谓特色，更无强调特色之必要。更有校长宣称"没有特色就是最大特色"，针尖对麦芒，直接和"特色"杠上了。

"特色"受到追捧，背后不无行政做推手之故，各种评估往往将"特色"作为加分项目，领导视察学校最爱问的大概也是"你们学校的办学特色是什么"，创"特色"成为学校不得不为的选择。也因为有"行政"强迫的影子，一些校长和教育学者对"特色"表示质疑甚至嗤之以鼻。

"没有特色就是最大特色"对否？学校到底需不需要特色？在我看来，学校自然可以有自己的特色，也应该逐渐形成自己的特色，关键在我们怎样理解或界定特色。

"人无我有，人有我优，人优我特"，有将"特色"简单化、庸俗化之嫌。"人无我有，人有我优，人优我特"立足于比较，潜在意思似乎只要别人没有，我有的就是特色；别人有的，我做得更出彩一些、不一样一些，也是特色。于是，学校创特色，捷径便是挖空心思找别人没有的东西。创建艺术特色，葫芦丝、手风琴、陶笛、二胡、笛子人家都有了，我就找个冷门的，比如箜篌，人家或许没有了吧。至于箜篌能否普及，学生是否喜欢，能否成为学生带得走的技艺，皆不在考虑之列。若想象力不够，找不到别家没有的，或者即使找到了自家也做不来，那就得在"人有我优"或"人优我特"上下功夫了。谁优谁劣，不好比较，标新立异比较容易，于是你全校跳绳是特色，我就来个花样跳绳，你也有花样跳绳，我就来几个团体跳绳，总之就是要和别人不一样方显特色。

在"人有我优"或"人优我特"上下功夫，倘能遵循教育规律，严守教育良知，立足学生发展，真做实干，倒也不失为可行之道。可虑者，有的学校为特色而特色，走的不是正道。有的学校做传统文化特色，穿汉服，诵《弟子规》，讲忠孝之道，学生集体为父母洗脚，行跪拜礼，场面热热闹闹，如此特色，是教育吗？有的学校为展示某项特色，不惜牺牲学生正常学习与休闲时间，加班加点搞训练，为的就是展示特色时的"震撼"效果，特色展示结束就"刀枪入库，马放南山"，学生不过是学校展现特色的道具罢了，如此特色，形同作秀，其影响恰恰走向教育的反面。这些年，每每看到那种全校性参与，整齐划一，气势如虹，让参与者甚至旁观者或热血沸腾或感动莫名的"团体"表演，我都要表示怀疑，那样的展示需要怎样的高强度训练？需要怎样的时间和精力投入？它能成为常态吗？全校学生都乐于接受吗？激情过后，它还能留下什么？教育是慢功夫，是浸染，是熏陶，是潜移默化，要让人心澄净，向美、向善，而不是让孩子学会炫耀，倾慕昙花一现的虚华。

把"特色"建立在和他校的对比上，显然走入了误区。特色应该立足学生的发展需要，立足学校自身的资源优势，在"想做什么"和"能做什么"之间进行合理选择，取得平衡，将有益于促进学生发展，学校又有能力做的事情做到极致，为学生发展提供更多的可能、更大的空间，这就是学校特色。这种特色既可以是学校管理方面的特色，也可以是学校文化上的特色、资源建设和应用上的特色，当然更可以是课程建设上的特色，等等，不拘一格，不被某些教条所束缚，更不因和他校比较而显现。

"没有特色就是最大特色"貌似是对过度强调"特色"的反讽，似是而非。有论者这样解释：一些优质学校，方方面面都很出色，齐头并进，因而掩盖了特色，就是所谓"没有特色就是最大特色"。此说未免牵强，方方面面都很出色，谓其特色很丰富岂不更恰当！其实，如此看待特色，一方面仍是走入比较的误区，似乎学校的特色就应当与众不同，哪怕相较本校其他工作，也应当独树一帜，卓尔不群；另一方面，是将特色窄化，把特色只视为某个具体的项目或某方面的工作。事实上，一所学校方方面面都很出色，必定有其文化基因在发挥作用，学校总有让人觉得"不一样"的地方，初识者也许说不清道不明，但那个"不一样"却又若隐若现弥漫在学校中。这种文化基因构成的学校特质，才是学校最重要、最当自豪的特色。一如北大"兼容并包"的精神才是学校永不褪色的特色，其他所谓特色在这个特色面前已经不那么重要和耀眼了。

"没有特色就是最大特色"也可能成为平庸的托词。有些学校在社会的快速发展中缺乏文化自觉，自甘平庸，既无变革的热情，也无推动学校优质发展的智慧，教师缺乏职业热情，学生缺少有效能的学习支持，学校发展停滞不前，校长或忙于应付各式各样的检查评比，或画地为牢自我设限。这样的学校的确毫无特色可言，"没有特色就是最大特色"也常常成为其遁词。

如此看来，特色是构成这所学校之所以是这所学校的重要基因，学校还是可以有特色，也应该逐步形成自己的特色。当然，这个特色不是排斥其他，而是在全面发展的基础上某个方面特别出色、出彩，且能惠及绝大多数的学生。这个特色更不是迎合外在的要求，不急功近利，不为特色而特色，而是基于学校优质发展内在的追求，是水到渠成的结果。日本教育学者佐藤学先生谓学校变革为"静悄悄的革命"，我喜欢这个意境，学校办学就应该如此，不喧哗，不浮躁，不攀比，静悄悄地就有了自己特色。

校长治校的平衡力

学校工作经常面临两难之境,但好学校似乎总能左右逢源,处理得恰到好处,而平庸的学校往往是"头痛医头,脚痛医脚",左支右绌,顾此失彼,差别就在于是否能够在两难中找到平衡点。平衡力是校长治理学校的重要能力。孟子批评墨子、杨朱时所言:"子莫执中,执中为近之,执中无权,犹执一也。"(《孟子·尽心上》)这句话就是讲平衡的智慧,这也是古人所倡导的"中庸之道"。中庸,不是各取一半,而是寻找最佳的平衡点。这个平衡点可能因时因地改变,平衡力就是审时度势找到这个最佳平衡点的能力。下文就学校中常见的问题谈谈校长治校需要平衡的一些关系。

既要埋头拉车,也要眼观四路

没有一个校长不希望自己执掌的学校能够发展好,成为美誉度较高的学校。能够走上校长岗位的人通常都比较自信,相信自己有能力带好一所学校。所以,当学校办学遭遇困境时,校长往往不太能从自己身上寻找原因,而是下意识地归咎于诸如生源、师资等客观存在的问题。好的校长既要有强大的自信力，也要善于省思，能够清醒认识自己的不足，洞见自我的盲区。

有些校长堪称"老黄牛"，一心扑在学校工作上，起早贪黑，殚精竭虑，其敬业精神不能不让人感佩。但学校发展却事与愿违，校长虽用尽洪荒之力，却如老牛拉破车一般举步维艰。也有校长知道仅凭自己的榜样作用是带动不了学校的，他们寄望于通过制度来驱动干部教师。学校制定了详尽的制度，实施精细乃至严苛的管理，但鞭打慢牛，不仅收效甚微，甚至矛盾重重，人际关系紧张，互相猜忌，离心离德。还有校长崇尚人文管理，倡导师生过幸福的校园生活，关心关爱教师，反感严格的制度管理，尽量避免批评，希望更多通过表扬激励来鼓舞士气。但若干年过去，学校却陷入了整体平庸，一些原本应该脱颖而出的优秀青年教师没有发展起来，学校缺乏昂扬向上的精神气象，学校各方面工作表现平平。以上种种，并不少见，校长尽心尽力了，但学校并没有获得预期的发展，令人扼腕。然而，同样"老黄牛"型的校长、威权型校长、人文型校长却不乏成功带领学校突围之例，问题出在哪呢？事实上，不存在绝对好坏的管理方式，关键还是在于平衡。"老黄牛"固然可敬，但不能凝聚团队，发挥团队的力量，光靠一人之力也拉不动远超负荷的车。威权固然让人敬畏，但缺乏精神的感召，却也不足以形成持久的动力。人文管理固能温暖人心，但没有必要的规范来约束，你好我好，宽严失据，最终只能是一盘散沙。校长领导一所学校，管理风格必然受自身性格、学识、经验等方面因素影响，校长要清醒意识到自己的不足，跳出自身的局限，自觉从反方向寻找拉动自己的力量，找到最佳的平衡点。"老黄牛"型的校长，要更加注重团队建设，要意识到没有完美的个人，但可以有完美的团队，要把眼光投注到重要的他者身上，通过赋权把权责分解下去，通过必要的机制建设保证人人有事做，事事有结果。威权型校长要特别重视民主管理，要经常提醒自己，学校是大家共同的学校，只有让大家参与到学校管理中，教职员工才会有主人翁的意识；要有意识克制自己独断的冲动，多听不同方面的意见，要相信包容信任的力量，在严格的管理中，也要不失温情，要有自由的空气存在。人文型校长要相信"没有规矩，不成方圆"，严格健全的制度恰恰是人文管理不可或缺的底座，要旗帜鲜明地树立先进典型，反对犬儒，弘扬正气，珍惜真、善、美的力量。

校长执掌一所学校，就对学校发展负有不可推卸的责任。校长可以也应该相信自己能够带领学校成功，但也要清楚自己的局限，不能一味埋头拉车，更要时常抬头看看四方：路有没有走偏、队伍有没有走散、速度有没有上来、士气是否高昂、与兄弟学校相比发展得好不好等。以更多维的视角来反观学校的发展，及时发现问题，分析查找原因，寻找能够克服自身短板、弥补自己管理缺陷的平衡力量，求得最佳的学校管理之道。

既要沉得下去，也要浮得起来

有的校长谈起学校工作来滔滔不绝，谈理念，讲愿景，说规划，胸有万壑，非常吸引人，但具体到学校组织、课程、师资、教学、德育、安全、资源等方面问题，就语焉不详，不甚了了。可以想见，校长更习惯于坐而论道，对学校具体事务则疏于思考和掌握。有的校长则相反，对学校每个方面的工作都有所思考，都能够有一定程度的了解，某些工作甚至事无巨细、亲力亲为，但对学校的发展却缺乏系统而深入的思考，对学校工作的认识是支离破碎的。作为学校的主要领导者，这两者都是有明显缺陷的。现实中完全忽视一端的校长可能不多，但没有平衡好二者，由此影响学校发展的绝不罕见。

细节决定成败，有效的组织管理离不开对细节的掌控。校长掌控细节，要能够沉入不同的教育现场，全流程参与某些重要的活动。与相关人员共同解剖分析影响学校发展的重要问题，而不是只通过听汇报、看数据、发指令来治理学校。比如，教育教学是学校的中心工作，课堂教学质量是决定学校教育质量的关键因素。校长如果不深入课堂，不经过大量的听课，就无法了解学校课堂教学的基本面，就无从领导教育教学。到一些薄弱学校，一谈到教育质量，经常听到的都是抱怨生源差、教师教学能力弱，却很少听到校长谈课堂教学存在的主要问题，这些问题的根源在哪，学校有什么样的改进计划和行动。校长对教育教学的管理是被动、粗疏的，可以看得出来，校长还没有潜入教学的深处，对课堂存在的问题以及产生问题的根源并没有真正全面掌握。于是，所有的问题最终就只能都归结为"没有好教师""没有好学生"。"沉下去"不是蜻蜓点水，不是走走过场，而是要舍得花时间，要深度参与，要持续跟踪，要解剖麻雀，要见人见事。校长事务繁忙，不可能也没有必要事必躬亲，但总有一些关键性的工作需要校长择时择机，真正沉下去，掌握细节，从细节上看到学校管理中存在的问题，寻找改进甚至变革的方向。

治理学校，不能"只见树木，不见森林"。学校是一个整体，这个整体是一个由不同要素组成的大系统，要素之间相互关联、相互影响。当各个要素目标一致或者说都愿意为学校大目标的实现而自觉调整自己的目标时，学校就能求得较好的发展。但事实上，"在很多情况下，系统中各个要素的目标是不一致的，并都会或多或少对整体行为产生影响"[《系统之美》，德内拉·梅多斯（Donella Meadows）著]。因此，"看到整体"，从系统的角度来思考和优化学校工作就尤其重要。所谓"浮得起来"，要求校长能够鸟瞰学校，既能看到树木，也能看到整片森林；既能看到眼前，也能看到长远；既能看到现象，也能看到本质。能够"看到整体"的校长，学校出现一个教学成绩突出的教师，就不会急着树立典型，逢人就夸，而是会细心观察、了解、分析这位教师取得优异成绩背后的原因。如果这个教师的成绩是通过加班加点抢学生时间取得的，教师的敬业精神固然可敬，但这种做法可能增加了学生的学业负担，可能给其他学科带来不利影响，甚至可能会对学校的教育生态造成破坏性影响。那么，校长就要警惕这是个别现象，还是有蔓延的趋势？是纠正这个教师的做法就好，还是应该由此发起一场关于教育质量观的讨论，以此统一思想，引导教师走正道？如果这个教师是通过优化课堂教学，运用了科学的教学方法，在不挤占学生其他时间的情况下取得了学业的突破，校长就应该思考，这个教师的教学方法能否总结推广？能否由此引发一场学校课堂教学的小变革？放在整体中来思考，出现这样一个教学成绩突出的教师，就不应该是一个简单肯定或否定、表扬或批评的问题。以整体的观点来看，学校中发生的每件事、每一项工作都不是孤立的，都可能牵一发而动全身，都应该审慎对待。

既要观照当下，也要着眼未来

陈玉琨教授说："没有成绩过不了今天，只有成绩过不了明天。"任何一所学校都有可能遭遇解决现实问题与着眼长远发展相冲突的困境。当下可能关涉学校的生存，但如果竭泽而渔，学校可能就没有未来。不谋万世者不足谋一时，既要观照当下，让学校能够赢得生存的空间，也要着眼未来，让学校具有可持续发展的动力，这是校长治校不可或缺的平衡力。

一些学校存在所谓"大小年"的现象，学业质量像过山车忽高忽低，校方通常会解释某届学生比较好或某届比较弱。事实上，"大小年"和学生没有太大关系，根本原因是学校好教师有限，排兵布阵时难以做到按年级均衡安排精兵强将。有的学校更是将教学能力最强的教师全部都压在毕业班，其中有些教师年年都教毕业班，谓为"把关教师"。而起始年级教师的安排难免捉襟见肘，教师强弱多有运气成分，这就自然造成了"大小年"现象。学校发展的初期存在"大小年"现象多少是可以理解的。在优秀师资极其有限的情况下，学校为了保证尽快出成绩，赢得社会的认可，不得不有所取舍。但一所学校若长期依赖所谓的"把关教师"，长期存在"大小年"现象，只能说校长缺乏长远的眼光，没有把"带队伍"这个核心的工作做好。试想，一位教师从来就没有教过毕业班，不用为学生出口负责，也没有人相信他能教好，这样的教师能成长好吗？而那些年年教毕业班的教师，教学内容滚瓜烂熟，凭借经验就可基本保证无虞，同样也缺乏成长的机会和动力。师资越是困难，校长越要将当下的需要与学校长远发展结合起来考虑，统筹合理安排不同年段师资，为教师发展提供最大的帮助和支持，努力让每个教师都有完整的学段教学机会，让每个教师为自己的教学负责，这样队伍才成长得起来。

有些学校基本没有教师研修制度，教研组、备课组形同虚设，甚至市区教研部门组织的教研活动也基本不派教师参加。询问起来，理由不外是"人手少""教师工作紧张""排不出时间"之类。应该说有些小规模学校的确存在这些困难，但唯其困难，才考验学校管理者的观念和智慧。走不出去，是否可以通过请进来搞活教研？时间难以保证，是否可以通过课程的适度弹性安排来腾挪？人手不足，是否可以尝试某些课合班上？校长如果完全屈服于现实，就会放弃努力，听之任之，学校就难以避免走向没落。

既观照当下，也着眼未来，校长才不会困于现实而无所作为，也不会脱离实际导致盲目跟风，而是想方设法既解决眼前的问题，又避免伤及根本，着力推动学校长远发展。这才是智慧的、负责任的管理。

┃ 既要善借他力，也要独立自主 ┃

发展中的学校总是特别希望得到外部力量的支持。的确，对资源不足的学校，外援尤为重要，有时甚至会撬动学校实现重要的跨越，起到四两拨千斤的作用。好校长通常都善于借力打力，善于捕捉恰当的机会，引进合适的外部力量来推动自我发展。

记得几年前在一次"互联网＋教育"校长论坛上，区教育局邀请上海古美中学的郑荣玉校长分享古美中学智慧课堂改革的经验。郑校长的讲座一结束，区里有几位校长就和郑校长加了微信。随后不久，双十中学海沧附属学校黄马福校长就给区教育局提交了"到上海古美中学考察学习"的报告。黄校长一行考察回到厦门后，双十中学海沧附属学校就开启了平板教学的探索之路。这样的例子很多，一次论坛，一个学术研讨活动，对有的校长来说就只是一次学习，而敏锐的校长却总能从中捕捉到可以助力学校发展的机会。他们会主动出击，多方寻找自己想要的资源，为学校发展寻觅合适的外力。海沧区教育局、教师进修学校近十年来陆续引进了方方面面的资源：生态体验德育、真爱梦想基金会、亲近母语、汉字书写、异地名师工作室、第三方评估、发展中学校支持项目、"琢玉工程"馆校合作、厦大艺术学院艺术教育合作等。有些学校借助其中一些资源很好地推动了学校发展，有些学校则波澜不兴，依然故我，令人遗憾。

海纳百川，有容乃大，善借外力也是学校开放、自信的表现。但学校发展归根结底是自己的事情，外力只是提供了更多的机会，但不是决定性的因素。一所学校获得发展，起决定性作用的是自我内驱力，是学校强烈的发展愿望，是从根本上深刻认识学校发展最终得依靠自己。校长作为学校的主要领导者，要有明确的主体意识：学校要对自己的发展负全部责任。他力不可长久而恃，借用他力，目的在于让自己强壮起来，而不是当作不可或缺的拐杖，形成依赖。有些学校引进异地名师工作室后，有计划地借助这个工作室培养自己的名师，并借鉴工作室的工作机制，健全完善自己学校的教研制度。名师工作室合作结束后，学校自己的名师已经培养出来了，团队已经形成了很好的研修机制。有的学校则不然，无论引进什么项目，似乎都发挥不了作用。开始时学校通常对引进项目期望过高，期待通过它解决学校希望解决的所有问题，毕其功于一役，让学校实现大翻转。这种想法明显是不切实际的，根本不可能实现。于是，很快地，学校就从高期望降至高失望，对项目实施逐渐失去热情，不但不支持项目活动，甚至表现出冷漠排斥，导致项目草草收场。同样的项目，在不同学校结果截然相反，原因还得在学校中找。视外援为机会，但清楚能否借机赶超关键还在自己，这样的学校才能巧借东风，实现自身的发展壮大。相反，如果学校过度依赖外援，对自身主体责任缺乏足够认识，失却了自我，再强大的外援也无能为力，通常都会以失败告终。

学校发展需要善借外力，要以开放的姿态，主动吸纳引进外援为我所用；但学校发展最终依靠的还得是自己，学校要有独立自主的信心和勇气，才能走出自己的发展道路。

| 既要团队共生，也要标兵领路 |

人民教育家于漪老师说："校长是培养教师的第一责任人，我做校长，顶大的事情就是培养青年教师。"办好学校关键在教师，关键在培养一支优秀的教师团队。判断一所学校是不是好学校或者有没有成为好学校的潜质，一个比

较可靠的观测点就是看这所学校是如何培养教师的。

每个教师都关联着无数学生,一个问题教师可能影响不计其数的孩子,所以学校要致力于让每个教师都能站好讲台,都能成为学生成长的领路人。这就需要学校建立一种团队共生的文化,让每个教师都能在团队中得到积极正向的影响,让暂时落后的教师能够得到及时有效的支持,得到同伴善意的帮助,使之自觉跟上团队。

团队共生的文化应该是学习型文化。学校要特别重视价值引领,校长要珍视并自觉践行学校核心价值观,有意识地引导教师找到工作的价值,发现工作的意义,让学校核心价值观成为教师的共同信念。学校要不断传递自己的愿景,让这个愿景成为大家愿意为之奋斗的共同目标。学校要建立一种共同学习、持续反思的机制,通过有品质的教研、科研、学术论坛、集中研修、读书沙龙等活动,营造浓厚的学术氛围,推动教师自觉自愿走出"舒适地带",不断超越自我。

团队共生只能建立在信任、尊重的文化基础上。一所过度强调竞争的学校是很难建立起团队共生关系的。有的学校引进了企业管理中的"末位淘汰"制度,对年段成绩排名末尾的教师实施相应惩罚。在这种制度下,优秀的教师很可能成为众矢之的,排名靠后的教师很可能如同刺猬般自我保护难以接近,教师相互提防,人际关系紧张。这种制度下,团队共生根本不可能形成,其破坏性一般情况下都远大于建设性。好的教师评价应该是"为了促进发展"服务的,既能够让教师通过评价看到自己的不足和差距,也能够通过评价指导教师廓清迷雾,找准努力的方向,还能够促进教师自觉主动向同伴求教问策,形成团队互帮互助的关系。

团队共生不是拒绝冒尖,更不是你好我好。梅贻琦先生言:"所谓大学者,非谓有大楼之谓也,有大师之谓也。"中小学同样如此,缺乏拔尖优秀的教师,所谓的共生很可能陷入整体平庸。有学者认为,英雄是企业的文化构成要素之一,缺少英雄人物的企业文化是不完备的文化,是难以传播和传递的文化。好学校之所以是好学校,"英雄的教师"是其中的重要因素。这些"英雄的教师"

不一定有什么样的头衔。他们也不热衷于追名逐利，但深受学生喜爱，富有个性，每个人都是"有故事"的人，都有一手绝活，他们的名字在学生中自然传颂，深深影响着学生。学校要有意识挖掘这样的"英雄教师"，为这样的"英雄教师"立传，传扬他们的故事，让他们成为学校真正的精神象征，成为学校教师内心的标杆，成为大家共同的骄傲。有了这样的标杆，团队才有成长的目标，才能催生越来越多这样的教师，才有"名师辈出"的名校气象。

| 既要刚性约束，也要人文关爱 |

马克斯·韦伯（Max Weber）认为理想的组织结构应该具备：有持续不断受规则所约束的理性行为；有明显范围的权限，包括在职者的权力、限制、奖惩；行政措施、决议和规令必须以文字的形式提出及记录等特征。这样的特征保证了组织的有序高效运行。学校的运转也不例外，需要制定各种"规则"来保障学校的正常运转。这些"规则"多以制度的形式出现，对学校成员具有同等的约束力，这就是制度管理的刚性。

没有规矩，不成方圆。建立科学完善的学校制度体系，是学校管理不可忽视的基础性工作。学校议事规则、教育教学常规、社团、典礼、课程、评价与奖惩、职称评聘与晋级、教育科研、教师研修、后勤保障等，各个方面的工作都需要相应制度来规范和保障。大多数学校不缺制度，有的学校甚至可以拿出几大本的制度汇编来。但制度的根本在执行，制度的刚性就在其规范性和约束力，只有得到良好贯彻执行的制度才能发挥其作用。有了制度却不能很好实施，比没有制度更糟糕。有些学校，制度就是一个供检查用的文本。制度从制定之日起就被束之高阁，从未认真执行过。这样的学校秩序一定是混乱的，组织软弱无力，工作流于形式，人心涣散，前景堪忧。制度一经形成通过，就应该保证执行，共同维护制度的权威性。也有这样的学校，制度健全，执行也很果断坚决，但制度非但没有起到良好的作用，反而影响了学校各方面的工作，这很可能是制度本身就存在问题。好的制度不是完备的条条框框，而是具有内在合理性、合法性的机制,能保护大多数人的利益并蕴含着人性关怀的精神。马格里特在《正派社会》中说,别让社会制度羞辱社会中的任何一个人,因为少数人的过错而惩罚大多数人,是一种羞辱性的制度,学校要避免出现类似的制度。学校在维护制度管理刚性的同时,要不断去除制度中不合理的部分,优化制度,让制度更合乎人的需求,合乎学校核心价值观。

事物都具有两面性,刚性约束带来规范和秩序的同时,也可能带来一定的破坏性,可能造成干群关系的紧张和人际的疏离,影响教师工作的自觉性、主动性、创造性,从而影响学校的正常发展。刚性约束对管理而言必不可少,但刚性约束并不等于冰冷的、没有丝毫人情味的管理。从人性的需求出发,通过人文关怀来调节制度的刚性,让管理更具温度,是学校管理不可或缺的重要部分。比如,"双减"背景下,学校根据要求普遍实施了课后延时服务,教师在校时间大大延长,教师工作强度极大增加。因应这种变化,一些学校及时调整了考勤制度,从原来的"硬性坐班制"改成"弹性坐班制"。结合教师的课程计划,合理安排坐班和课后延时服务时间,使教师总的在校时间和原来基本相当,让教师仍有自由支配的时间,这就是一种人文关怀。有的学校,新入职教师上岗,除了教学工作,尽量少安排其他事务性工作,甚至尽量不安排新教师担任班主任。在新教师见习期间,安排好指导教师,学校领导定向联系新教师,定期召开座谈会了解新教师遭遇的困难,提供及时的帮助,让新教师顺利度过职业初期,这也是人文关怀。人文关怀,最重要的是真心关怀教师,对教师充满真挚的感情,努力为教师的成长创造机会,搭建平台。学校管理的一切出发点,都不是为了控制,不是为了压榨人的潜力,而是为了让教师能够在更好、更有秩序的环境中工作,为了将教师从无谓的事务中解脱出来,减少不必要的时间与精力的消耗,为了让教师能够更加自觉地向善向美,能够享有更幸福、更有价值的教育生活。

刚性约束和人文关怀是学校管理的一体两面,失去任何一面都是跛腿的管理。平衡好二者的关系,在对立中求得统一,才是完整的管理。

既要传承积淀，也要创新求变

区内有所农村学校因整村拆迁整体迁入附近的一所新建学校。新学校的校长和拆迁学校校长交接后，细心保留了老校一些有纪念意义的物件，还费尽心思把老校的一棵香樟树移栽到新校。新校的办学理念也吸收了老校的很多元素。新旧学校虽然校名不同，办学地点不同，未来招生的范围也大不相同，但校长仍将新校视为老校血脉的延续，这是对学校来处的敬意。每所学校都有自己的历史，学校只有扎根自己的历史中，才显得与众不同。走进一些名校，历史的厚重感扑面而来，这正是基于学校经年累月的丰厚积淀，是历史给予的馈赠。但也不乏所谓百年老校，除了学校的发展脉络还大致能辨，基本没有传承可见。学校空有百年历史，因为缺乏连绵不绝的传承，几无积淀可言，空负百年老校之名，殊为可惜。

让一所老学校再发新枝，绝不是割裂新旧历史，不是否定原有的一切推倒重来。相反，提升一所学校的起点，恰恰就是对其传统的尊重。改革者要明晰学校过往的历史，了解学校发展过程中的关键性事件，挖掘学校中曾经的英雄故事，探寻学校可以继承弘扬的文化。在承认、尊重、赓续历史基础上形成的新思想、新理念、新措施，才能够为大家所接受，才不至于让变革"水土不服"，从而让新的变革无痕融入学校传统，成为学校历史的自然延续和发展。

对一所新学校来说，从建校之日起，就应该格外重视积淀自己的传统。要清楚，今天所做的一切都要为明天负责，今天就是明天的历史。心存敬畏，认真对待学校的所有事情，办学理念、一训三风、学校章程、制度体系、发展规划乃至学校的一墙一景、一草一木等，都和学校未来的个性和品质息息相关，都要接受未来学校办学者的审视，都应该谨慎对待，深思熟虑，尽量不留遗憾。在办学过程中，还要不断总结梳理，将优秀的传统传承下去，逐渐积淀，为学校未来成为名校奠基。

尊重学校传统，重视学校历史积淀，不等于对传统照单全收，永远被束缚在原有轨道上，不敢也不愿稍越雷池半步。有人说，对现代组织来说，"不创新是等死，乱创新是找死"。我们眼前的世界，是人类有史以来变化最快的时代，用日新月异来形容甚至都不够。一切都在不断变化中，唯一不变的只有变化本身。在这样的现实面前，不能主动创新求变适应时代发展的学校，哪怕今天已如日中天，明天也很可能被远远甩在后面。校长要有意识地在学校中培育创新文化，要对教育的变化保持应有的敏感，素养导向、学科融合、跨学科主题学习、"任务群""大观念""大主题""大单元"的课程设计、人工智能等新的思想、新的概念的出现，都要求我们转变教育观念，突破传统的束缚，走向新的教育。学校要致力让每个干部教师都能够树立创新意识，能够以更加开放的姿态看到学校外部广阔的天地，看到时代的飞速发展，乐于多学、多看、多问、多听、多想，洞察变化，勇于变革，寻找发展突破的机会。

不久前，人工智能生成聊天神器ChatGPT。基于深度学习的自然语言生成模型，ChatGPT可以回答人类提出的绝大多数问题，并且回答水准在绝大多数人之上，由此引发了ChatGPT是否会颠覆传统教育的大讨论。然而，这个讨论尚未平息，比ChatGPT更高级的GPT4就出现了。如果教育的目的只是传授知识、答疑解惑的话，GPT4也许可以比大多数教师做得更好。人工强智能已在眼前，当人类大脑植入一张芯片就可以掌握所有知识的时代可能就要来临时，教育人既要有突破现有教育观念的勇气，又要保持应有的定力，从传统教育中汲取有益的养分，回归教育育人的本质，从知识本位的教育走向学生发展本位的教育。

| 既要全体全面，也要个体个性 |

面向全体学生的全面发展，是实现"让每个孩子都享有公平而有质量的教育"的题中应有之义，是世界教育发展的共同主题。2001年美国颁布的《不让一个儿童落后法》提出，每一个儿童都应该接受好的教育；2008年澳大利亚在《墨尔本宣言》中提出，教育要使所有青少年成为成功的学习者和富有创造力的公民；在我国，中共中央和国务院1999年颁发的《关于深化教育改革全面推进素质教育的决定》明确提出，全面推进素质教育，要坚持面向全体学生，为学生的全面发展创造相应的条件。

面向全体学生的全面发展，最根本的保障就是落实国家课程计划，开足、开齐、开好国家课程。然而，时至今日，哪怕在发达地区，这样一个目标仍然不能得以完全实现。一些小规模学校，因为师资配比的问题，专业师资无法完全配备到位，开齐课程尚有困难，更遑论开好。但更令人失望的是，即使在一些师资配备整齐的学校，挤占、挪用非考试科目的现象也时能发现。开足、开齐国家课程，是贯彻落实党的教育方针的基本保证，是教育工作者教育良知的底线。一个称职的校长，必须毫不动摇坚持这个底线。在开足开齐课程的基础上，努力争取开好课程，让每个学科都有质量保证，都能发挥良好的育人功能，促进全体学生的全面发展。

面向全体学生的全面发展，要主动融入时代发展的大潮，积极推进课程改革，关注全体学生，聚焦学生发展和"关键能力""必备品格"培养，积极探索核心素养导向的教学新常态，实现育人方式的转变，实现减负与提质增效，培养"有理想、有本领、有担当"的时代新人。

面向全体学生的全面发展，不是平均发展，不是无视具体的、活生生的每个学生，不是抹杀个性和特长。恰恰相反，是眼中有一个个鲜活的生命，看到每个学生的差异，看到每个学生可能的困境，看到每个学生不同的发展方向和潜能，才是真正地"面向全体学生"，才可能不让一个学生掉队。

关注个体和个体的个性，需要学校建设更加丰富的课程，让不同学生可以有不同的选择；需要学校能够有更加个性化的学习指导和支持，让不同的学生可以有不同的学习方式；需要学校有更立体贴心的师生交往方式，让每个学生都能被看到；需要学校有更多元的评价方式，不再"用同一把尺量不同的人"，让每个人能更好地认识自己，成就自己。

学校应该努力让每个人都能享有公平的教育，让每个人通过教育都能找到自己合适的发展方向，在全面发展的同时，发展自己的特长，成为唯一的那个我。

课程从儿童开始
——"走进儿童·园本课程故事分享"活动之思

海沧学前教育"我的教育故事"活动今年的主题是"走进儿童·园本课程故事分享"。这的确是一个值得高度关注和探讨的话题,现代儿童教育发轫于发现儿童,以儿童为本位或儿童中心已是学前教育的基本立场,而课程无疑是这一立场重要的载体。联结"儿童"与"课程"发生的故事想来一定是丰富而生动的,其学习和研究的价值自不待言。

好的话题总是能激发人的思考,这样的思考对他人未必有价值,但于己而言却有助于对某些观念进行重新梳理或深化认识,这也是思考的乐趣和意义所在。耀琳老师嘱我为这次活动写几句话,我很乐意抛砖引玉,分享我对这个话题的思考。

走进儿童的园本课程,意味着"看到"儿童。课程的缘起、课程的设计、课程的开发、课程的实施、课程的评价,在这所有的环节中,都应该看到儿童,儿童是课程的主角,儿童更是课程的目的。知易行难,事实上,反省我们的课程,或许不难发现,有的课程可能只有展示价值,却无实用价值,好看,但难以常态实施,课程的设置初衷就不是为了促进儿童发展,而是为了在一些评估或者特色展示中出彩。这当然是很极端的例子,但即便在常态化实施的课程中，忽视儿童的情况可能也并不鲜见。"游戏"是幼儿园常见的课程，但游戏最重要的价值是什么？要让儿童获得什么？儿童是否通过游戏获得？如果没有深入、慎重的思考，儿童也许在无意中就会被忽视。日本心理学家河合隼雄先生在《孩子与学校》一书中对"游戏"有很精彩的论述，他说："在游戏中往往混杂着'学习'或'工作'，这是孩子游戏的好处，但如果大人忘记了游戏本来的好处在于自由的表现，而把游戏这种'学习'强加到孩子头上，游戏的重要性也就不复存在了。"这里的"忘记"，是不是一种事实上的"视而不见"呢？看到，就是要时刻记住，园本课程必须基于儿童、为了儿童。看到儿童，就要心里始终装着儿童。

　　走进儿童的园本课程，意味着"懂得"儿童。不了解儿童就谈不上走进儿童。儿童是什么？蒙台梭利看到了儿童的困境，她说："儿童被成人用许多严格而又专制的规定束缚着，什么时间必须去做功课，什么时间才能出去玩……都得依照大人的规定。我们的社会从来没有把儿童当作独立的个体。"正因为如此，"成人习惯自以为是地解释孩子的行为，用自己觉得正确的方法对待孩子，这不但造成了学校教育的偏差以及整个教育体制的谬误，而且使社会采取了一系列完全错误的行动"。儿童是独立的发展的个体，儿童的心理发展有其共性的一面，也有其独具个性的一面，这些都需要系统、深入的学习方能掌握。什么样的课程是适合儿童的课程？我们在选择上常常犯错，为什么学前教育小学化的倾向屡禁不止，根本原因是我们高估了学前儿童的认知发展水平。反之，为什么我们总是事无巨细地试图教导儿童，不相信儿童有自我学习的能力，是因为我们低估了儿童。根据皮亚杰的研究，儿童要到11岁左右才能确知：水的容量不因装到不同形状的玻璃瓶而有所不同。也就是说，儿童认知能力的发展，远比一般人想象的来得迟缓，我们不能高估儿童，不能苛求儿童接受抽象水平偏高的教材。可是另一方面，我们又不能低估儿童，"小孩禀赋有一种自纷杂的表面事务中辨认特征的能力"（《童年与解放》）。用蒙台梭利的话说，"儿童有一颗可以吸收知识的心灵，具有独自学习的能力"。什么样的课程才真正适合儿童？儿童不同的敏感期应该哺之以怎样的课程？如何恰当地实施一个合适的课程？诸多问题，不懂儿童，是没有办法正确行动的。要"懂得"儿童，除了学习别无他途，读皮亚杰的《儿童心理学》，读阿德勒的《儿童人格教育》，读蒙台梭利的系列书籍等。当然，还要向儿童学习，观察和研究儿童生长的奥秘，与儿童共同成长。

走进儿童的课程，意味着"敬畏"儿童。相比于其他物种，人类有着特别漫长的童年，这样一个充满探索、创造、学习的幼儿期，为人类个体的成长提供了无限的可能，这是自然赐予人类最珍贵的礼物。然而，这样一个漫长的童年并不一定都是朝着好的方面发展，它充满着变数，与养育方式紧密相关。艾莉森·高普尼克在《园丁与木匠》中说："人类照顾者必须妥善保护每个孩子，并在孩子成年时对他们放手；人类照顾者必须允许孩子玩耍，同时还要促进孩子工作；人类照顾者必须传承传统，同时还要鼓励孩子创新。养育的矛盾就是在这种基本生物学事实的背景下产生的。"教育不是非此即彼，而是在相互冲突的悖论中寻找平衡点，这是教育的困难之处。儿童个体的独特性更加剧了这种困难，在教育中几乎不存在适用所有孩子的万能钥匙。河合先生在《孩子的宇宙》中讲过这样一个关于缄默症孩子的故事：老师在仔细观察一个缄默症孩子的过程中，发现这个孩子很喜欢小动物，于是在班级里放了一个水槽，养了一些鱼和乌龟，并且指定这个孩子特别负责其中一只小乌龟的饲养。孩子非常重视这只小乌龟，其他的孩子大约也觉察到了老师的苦心，都把这只乌龟当成班里的吉祥物一样对待。但是有一天，乌龟突然不见了，老师和孩子们四处寻找，却怎么也找不着。这时，这个孩子紧紧地抱着老师大声哭道："我的乌龟不见了！"老师和同学们也很难过，但是以此为契机，这个孩子开始和大家讲话了。这是一个关于缄默症孩子治愈的成功案例，案例本身也许不具备复制的可能，值得我们学习的是，在这个案例中教师通过对孩子仔细观察后的教育选择、过程中的坚持、同伴温暖的陪伴，正是这些创造了一个温暖的教育奇迹，而这个背后我相信隐含的是教师对儿童的尊重，对生命的敬畏。儿童的独特性、可变性、复杂性、无限可能性都让我们对生命的生长不能不心怀敬畏，这种敬畏才能让我们面对课程时多一份审慎。

"走进儿童·园本课程故事分享"将呈现怎样的精彩？我对此充满期待。

"全员导师制"实施三问

为进一步推进"三全育人",全面落实党的教育方针和立德树人根本任务,2022年2月,海沧区教育局借鉴上海等地的经验,在全区中小学全面推行"全员导师制"。学校积极响应,结合自身实际,发挥基层智慧,扎实、稳妥推进"全员导师制"落地,短短两个多月时间,就看到初步成效。但我们也看到,有些学校对"全员导师制"的内涵和价值认识模糊,或准备不足生搬硬套,或缺乏信心踌躇不前。本文拟结合"全员导师制"实施中发现的问题,对"全员导师制"作进一步阐释,以统一共识,坚定信念,推动"全员导师制"高质量实施。

为什么要在中小学推行"全员导师制"

"全员导师制",顾名思义,即全体教师都要成为学生成长的导师。古者云:"师者,所以传道受业解惑也。"教师不仅仅是文化知识的传播者,更是文明道统的传灯人,是学生人生旅途的引路人。但随着班级授课制和分科教学的出现,教师"受业"的职能不断强化,而"传道""解惑"的职能则逐渐消退,

"教书"和"育人"逐渐分离。推行"全员导师制"就是要让教育回归"教书育人"的本质，构建"全员育人、全方位育人、全程育人"格局，让每位教师都真正担负起育人的责任，全方位、全过程陪伴，引导儿童成长，适时帮助儿童面对并解决成长过程中遭遇的困惑、困难，让儿童在求学路上有一个从不缺位的陪伴者、引领者、年长的朋友、生命中的贵人。

"全员导师制"有助于形成班级育人合力。"全员导师制"具体实施时通常将学科教师与学生按照某种原则进行匹配，一个教师通常要当十多位学生的导师。在建制班级依然存在的情况下，"全员导师制"不能取代"班主任制"，但"导师"可以成为班主任工作的重要补充，有效减轻班主任的工作压力，提升班级育人实效性。在我国目前基本还是大班教学的情况下，班主任在做好学科教学的同时，要面对四五十名学生的日常管理，要处理家校间的种种关系，压力大，负担重，个性化、个别化教育难以落实到位。班级中表现平平的大量中等学生很容易会成为被忽略的"大多数"，即便对少数学习严重困难、行为有偏差的特殊学生，班主任因为日常工作繁重导致情感联结不足，在教育上也往往有心无力。加拿大著名教育学者马克斯·范梅南（Max van Manen）认为，"每个孩子都需要被别人注意"，这在班主任制中恰恰难以实现。实施"全员导师制"后，每个导师在教学之余，都有自己需要长期关注、陪伴的学生，真正担起育人责任，改变了以往"重教书"而"轻育人"的倾向。相较于班主任，导师关注的学生少，学生也因此有了更多"被看到"的机会。学科教师某种意义上成了班主任的助手，学生的真实需求在导师层面即可解决或通过导师汇集到班主任处，因材施教才能得以更好地落实。班主任和学科教师因"导师"工作自然形成合力，班级德育工作更能落实、落细。

"全员导师制"有助于构建良好的师生多向关系。良好的师生关系是极其重要的教育力量。古人说，"亲其师，信其道"；现代心理学研究认为，是否能够得到周围重要他人，如父母、教师、同学的认可，是影响学生学习动机的重要因素（《教育心理学》）；也有研究表明，在以人为本的教师的班级里，学生学习更投入，更自重和尊重他人，抵制行为更少，有更多的非指导性（学生自发和调控自己的活动），学生的学业成就更高（《可见的学习》）。"全员导师制"让教师更加贴近学生，不仅关注学生的学习，更要关注学生的生活，乃至走近学生的心灵，与学生建立起亦师亦友的关系，成为学生在某一段生命旅程中除父母外最重要的他者。这种联系紧密的师生关系对绝大多数学生而言，无疑都是极其重要的。

学生之间的关系也是学生成长的重要力量源泉。心理学研究认为，友谊是每个年龄段学生生活的核心。在一项研究中，"没有朋友的六年级学生学业成绩更低，社交行为更不积极，两年后比至少有一个朋友的学生有更多的情绪困扰"（《教育心理学》）。约翰·哈蒂在《可见的学习》中指出："合作学习比竞争学习、合作学习比个别学习、竞争学习比个别学习更有成效。对于人际吸引来说，合作学习的效果最好，合作学习超过竞争学习，竞争学习超过个别学习。在合作的条件下，人际关系对学业成就有最强的影响，这毫无疑问指出了友谊在学业成就总公式中的重要性。"在"全员导师制"中，一个导师带领十多位学生，这些学生与导师构成一个个共同体。这个共同体的核心圈是导师与学生，家长则可以成为共同体的次圈层。在这样的共同体中，学生不再是孤立的个体，在导师有意识地带领下，他们有了更多交往互动的机会，不仅是同学，还可以是共同读书、参与社会志愿活动、一起游戏的伙伴，每个学生都有了更多结交好友的机会。在这样的共同体中，学生之间的相互影响在老师的引领下是积极的、正向的、向善的。

《论语》中有一段令人神往的描述："暮春者，春服既成，冠者五六人，童子六七人，浴乎沂，风乎舞雩，咏而归。"这是一幅美丽的关系图，"全员导师制"也可以带来这样美好的师生关系。

"全员导师制"有助于提升教师的职业效能感。从绝对工作时间和工作强度看，"全员导师制"无疑加重了教师的工作负担。身为"导师"，教师不仅要做好自己的学科教学，还要投入大量的精力帮助和指导自己负责的那些学生，要用心设计和组织小团队的活动，要深入了解团队中的每个学生乃至他们的家庭，要花很多时间聆听学生的需求，要开展个别化的教育活动等。这些都会挤占教师的工作和休息时间，让教师更加忙碌、辛苦。但教育工作对很多教师而言，侵蚀身心健康的，往往不是实际的工作强度，而是工作中的无力感、低效能感，是日复一日的重复单调劳动，是对学生的疏离和对课堂的恐惧，是"他们正在做的事从来不是，或不再是他们真正倾心的工作"（《教学勇气》）。如果将教育工作"降低到技术层面"，将教育窄化为学科教学，单纯追求学生考试的成功，离开了师生精神交往的需要，缺少师生心灵的碰撞交流，那么，教师就无法体会到职业带来的幸福感，就会有越来越多的教师落入职业倦怠或身心俱疲的陷阱之中。

帕克·帕尔默（Parker Palmer）说："如果作为教师，我们想要成长，我们就必须做一些学术以外的事：我们必须交流内心生活——这在惧怕触及个人，从而在技术、距离和抽象中寻找安全感的职业中，确实充满危险。"事实上，寄望于在技术、距离和抽象中寻找安全感几乎是不可能的。教育的全部魅力就在于，教师面对的是一个一个具体鲜活的生命，触碰儿童的心灵，聆听"儿童的召唤"，将儿童的生活、学习与自己的教育教学生活编织在一起，所谓"教学相长"才会发生，师生才能够真正相互滋养，教师的心灵才有源头活水，教师的生命才不会因为"降低到技术层面"的教学而耗竭枯萎。"全员导师制"迫使教师从习以为常的工作状态中走出来，走进学生的生活，与学生一起编织成长的梦想，从"育分"走向"育人"，教师的职业境界才会越来越高远雄阔。从更加现实的角度看，"全员导师制"有利于建立良好的师生关系，改良学校的教育生态，从而影响到教学成效，教师也更能有效改进教学，更加自如驾驭课堂，不断提高教学效益，提升自我效能感。

| 中小学"全员导师制"导什么 |

"全员导师制"导什么，学校可以结合自身实际和需求来研究决定。但从大的方面来看，导师要以"陪伴学生校园生活、看见学生真实需求、成全学生健康生长"为主旨，做到"三导"——导学、导行、导心。

导学，导师要指导学生愿学、会学、乐学。诚如苏霍姆林斯基所说："在学习中取得成就，这一点，形象地说，乃是通往儿童心灵中点燃着'想成为一个好人'的火花的那个角落的一条蹊径，教师要爱护这条蹊径和这点火花。"学校作为教育机构，让学生愿意学习、学会学习、热爱学习应该是其重要的职能之一。学习不仅是人生存和发展的需求，也是儿童成长的重要力量源泉。指导学生学习，应该是导师贯穿始终的工作，导师"导学"的重点不是对具体学科的指导，而是帮助学生尤其是学习困难学生觉察自己的局限和优势，认识到学习成功的标志不是和别人比成绩高低，从而树立起学习的信心，增强学习动机；是指导学生掌握基本的学习方法和技巧，尤其是带领学生阅读，通过共读活动，培养学生有理解地阅读的能力，发展学生学习力；是引导学生发现和发展自己的特长，发现和保护学生对某个学科或某项活动的浓烈兴趣，并以点带面，促使学生爱上学习；是指导学生互帮互学，建立良好的学习伙伴关系，推动学生共同成长。

导行，导师要指导学生养成良好的行为习惯。行为习惯是德性和素养的外在表现，好的行为习惯可以让人终身受益。行为习惯在儿童时期最容易形成，如夸美纽斯所说："人类与树木的境遇原是相似的。因为，一株果树能从自己的树干上自行生长，而一株野树则在经过一个熟练园丁的种植、灌溉与修剪以前，是不会结出甜美的果实的。同样，一个人可以自行长成一个人形（正如任何野兽类似它的同类一样），但是若非先把德行与虔信灌输到他的身上，他就不能长成一个理性的、聪明的、有德行和虔信的动物。"（《大教学论》）导师要成为这样的"园丁"，在尊重儿童天性和个性的基础上，将学生引导到正确的生长轨道上来，要从以下几个方面入手培养学生良好的行为习惯：健康，卫生习惯、饮食习惯、运动习惯等，如帮助学生找到一项可以爱上的运动项目，养成每日运动一小时的生活习惯；读书，帮助学生会读书并逐渐爱上读书，通过组织共读一本书、读书交流分享、亲子阅读等活动，促进学生学会有理解地阅读，让读书成为自然的习惯；文明，引导学生懂得尊重多元文化，尊重他人，讲礼貌，知礼节，举止适宜得体，言辞自信大方；审美，指导学生去发现美、欣赏美，帮助他们喜欢上一个艺术项目，有生活情趣，热爱自然，热爱生活，等等。

导心，导师要成为学生心灵生长的导护师。每个孩子都可能在学校中经历学业的成功或失败，可能有过考试满分的喜悦，也可能遭遇提分无比艰难的焦虑，可能有过和小伙伴闹翻的苦恼，也可能有过众星拱月的小得意。对每个孩子来说，成长都是一件不容易的事情。欢欣跃雀后面跟着的也许就是成长的陷阱，适度的紧张焦虑未必就不能让一个孩子蜕变。什么时候只需要安静地聆听？什么时候需要给予适当的建议和忠告？什么时候需要伸出援助之手？这是导师面临的最基本的挑战。导师要成为学生心灵生长的导护师，靠说教是低效甚至无用的，唯有做学生学习生活中的有心人，对学生成长中遭遇的困境心怀悲悯，真正走近学生，真正了解学生，以儿童的立场来看待学生的境遇，才能走进学生心灵，与之产生心灵的触动和共鸣。此外，导师也要加强自我修炼，提升自我的精神高度，提高自身的专业能力，与学生共同成长。

| "全员导师制"如何推进 |

"全员导师制"对我们来说是一项新的教育制度，设计初衷无疑是美好的，但在学校原有的强大运转惯性中融入这样一项带有全局性变革意义的全新制度，必然会面临诸多问题和挑战，考验着学校管理者的智慧和能力。本文综合前一阶段各校推行经验，总结以下三点经验供学校参考。

一要充分做好准备工作。要做好宣传发动工作，召开教职工大会认真解读区教育局"全员导师制"工作方案，让全体教师了解"全员导师制"的内涵和价值。以年段为单位，充分讨论方案落地的可行性和可能存在的问题，逐步统一共识；要做好学校方案的研制工作，组建由学校不同层面人员共同组成的方案研制小组，结合学校实际研制形成学校方案讨论稿，并将其发到每个教师手上，要充分听取教师意见，不断修订优化方案；要做好校本培训工作，要用好"全员导师制"指导手册，组织手册和学校方案的全员培训，要让参与导师制工作的教师熟练掌握导师工作的内容和方法；要做好学生和家长的宣传培训，让家长和学生了解实施"全员导师制"不是作秀，而是提升教育品质的重要举措，是让学生真正受益的新制度，要发动学生家长自觉参与进来；要做好必要的后勤保障工作，为实施"全员导师制"提供必要的条件保障。

二要分步实施有序推进。"全员导师制"虽曰"全员"，但并不要求一步到位、全校全员实施"导师制"，我们倡导学校结合自身实际情况和教师意愿，分步实施。条件成熟的年段甚至只是班级可以先试点进入，也可以发动骨干教师带头先做，边实施边总结经验，边实施边动员更多的教师参与进来，坚持小步快走，直至真正实现"全员导师制"。在"全员导师制"推进过程中，要正视存在的困难和问题，加强研究，发挥教师的智慧，协同攻关解决。实施过程中切忌过度拔高要求，要本着实事求是的精神，从小处入手，先做容易做的事情，做好规定动作。要注重正面激励，发现和总结好的经验和做法，形成典型案例，用优秀案例来引领示范、凝聚共识、提振信心。

三要密切关注全程指导。实施"全员导师制"学校的领导绝不能止步于布置任务，要特别关注实施过程中教师遇到的困难和问题，关注实施过程中导师、家长、学生交往中发现的问题，主要领导要主动帮助协调和研究解决实施中遇到的各种问题。学校要组建骨干教师指导团队，在师生关系重构、导师与学生团队建设、导师与家长沟通、特殊学生帮扶等方面加强过程指导。要适时召开交流研讨会，分享好的经验和做法，要加强过程中的培训赋能，要让教师体会到这项工作自始至终有人管、有人盯、有人研究、有人指导帮助，形成强大合力，有序推进"全员导师制"。

"全员导师制"是海沧教育系统在"十四五"开局之年启动的一项重要工作，是借以撬动学校内涵发展、加快提升教育质量、促进教育优质均衡发展的改革创新工程，为者常成，行者常至，相信"全员导师制"能够在海沧区各校落地生根，开花结果。

读书，好教师的成长之路

苏联教育家苏霍姆林斯基曾这样批评课堂教学："无论在什么地方都没有像在学校里、课堂上这么滥用和浪费时间的。"为何存在如此严重的"滥用和浪费时间"现象？追根究底是教师低质量的教育教学造成的，是教师教育素养不足带来的恶果。

没有好教师就没有好教育。什么样的教师称得上好教师？好教师是如何成长的？我喜欢从三个维度来定义好教师：明师、德师、能师。三者缺一不可。所谓"明师"，即明教育之道，明儿童成长之道，明自我之道——我是谁？我坚持或者钟爱什么？我想去哪里？换句话说，明师，就是那些能够真正深刻认识教育、认识儿童、认识自我的教师。可想而知，没有博观约取，没有持久深入地读书学习，"明师"之境殊难达到。所谓"能师"，是指专业功底扎实，教学水平高超，教学技艺精湛，且能够熟练应用教育技术与工具的教师。联合国教科文组织1976年的那份报告《学会生存——教育世界的今天和明天》这样说："教育学过去一度是一种艺术——教学艺术，现在已经成了一门科学，这门科学是建立在牢固的基础上的，而且是和心理学、人类学、控制论、语言学以及许多其他科学联系在一起的。然而，教师对于教育学的应用，在很多情况之下，仍然把它当作一种艺术，而不把它当作一门科学。"教育学既然是一门科学，而且是和多门科学联系在一起的，很难想象，没有持久的读书学习，教师能够深刻地理解和把握。所谓"德师"，应该要有高尚道德情操，热爱生命，热爱教育，热爱学生，为人师表。"德"是关乎心灵的，人的生命状态最重要的是心灵的状态，而心灵的核心是什么？当然是思想。"半亩方塘一鉴开，天光云影共徘徊。问渠那得清如许？为有源头活水来。"如果把我们的心灵比作这"半亩方塘"，我们的思想就是这塘中的"水"，而读书无疑是水的"源头"，正因为有了这个源头，才有了"清如许"的活水，才有了"天光云影共徘徊"的万千气象。"读书，读书，再读书"正是好教师成长的不二法门。

日本著名教育学者佐藤学先生在《教师花传书：专家型教师的成长》中饱含忧虑地写道："无论是西洋还是东方，自古以来，教师之所以承担不平凡的教育工作，是因为教师自身比任何人都更爱读书、更加好学，只有那些学者才允许执掌教坛。但现在这一根基已经崩溃，这可算是教育最大的危机了。"的确，读书对教师而言不是要不要的问题，而是读什么和怎么读的问题。遗憾的是，学校中教师读书基本还是摆设，都说读书重要，但真正开展时教师却不得其门而入，要么流于形式，要么半途而废草草收场。依我个人经验，学校开启教师读书之路，校长带头读是关键，重点则要在"选好书、读好书、用好书"上下水磨功夫。

校长读书，是校长拓宽视野、汲取教育经典的丰富营养、学习他人有益经验、提升自身专业素养和领导能力的重要途径。但对学校而言，校长读书更重要的意义是，校长读书的姿态会成为学校学习文化建设的风向标，有着不可低估的引领力和影响力，只有爱读书的校长才能带出爱读书的教师。苏霍姆林斯基担任校长的帕夫雷什中学教师读书蔚然成风，正是得益于他的身体力行。他是一个真正的阅读者，"无限相信书籍的力量"，将阅读视为自己的信仰。作为文学教师，他却能够胜任中小学全学科的教学，正源于他广泛自学了所有学科相关的科学著作。除了文学、数学、心理学等方面的专著，他还带着强烈的兴趣阅读了遗传学、自动学、电子学、天文学等方面的科学著作。有这样一个如饥似渴读书，并且极力倡导读书研究的校长，自然就有了一群爱读书的教师。

读书，要"选好书"。读书虽然带有很强的个人色彩，每个人对书的需求和偏好都不同，但就学校而言，总有一些书值得所有教师都来读一读，这些书几乎可以打动所有教师心灵，可以对所有教师都有所帮助。比如《特别的女生萨哈拉》就是这样一本适合新老教师阅读的书，著名儿童文学作家梅子涵先生在为这本书写的中文序中说："我们都愉快地读一读。我们就都愉快地看见了高处，我们可以往那儿去！"这是一本读着读着，就让人沉浸其中，让人看见了高处，甚至可以走向高处的书。这样的书有很多，学校推动教师阅读，初期尤其要用心选择这样具有普适性、阅读体验相对轻松愉悦、特别走心的书，这样的书既能够激发教师的阅读兴趣，也有助于教师树立阅读的信心。当然，所谓"好"是相对的，不同阅读基础、不同专业层次的老师阅读需求是不一样的，刚开始推动阅读的学校与教师阅读已成风气的学校需求也是不一样的，"好"的本质是合适，是循序渐进，以需求和解决问题为导向，引领教师逐步走上专业阅读的道路。

读书，要"读好书"。一本书，浮光掠影是读，细嚼慢咽也是读，但读的效果可能完全不一样。虽然教师的文化基础都不差，但奇怪的是，未经指导和阅读训练，能够把一本书真正读好的老师远不如预期。如笔者曾指导一所小学的教师共读《给教师的建议》一书，在交流讨论"请记住：没有也不可能有抽象的学生"这条建议时，就感觉很遗憾，这么重要的一个观念，并没有引起读者的足够重视，许多教师认为这个论断强调的只是如何对待后进生的问题。事实上，在苏霍姆林斯基的教育实践和理论中，后进生、天才学生、中等生都一样重要，都需要慎重对待，都不能有所忽视。"没有也不可能有抽象的学生"强调的是"人"，是具有无限多样性和可能性的发展中的一个个鲜活的生命。点燃儿童心中"想成为一个好人"的火花，这是苏霍姆林斯基人道的教育目标，这个目标对所有学生都一样，但在实现的方式上却要因人而异、因材施教。在这一条建议中，苏霍姆林斯基列举了帕夫雷什中学阿里辛柯和雷萨克老师的数学课，展现的正是差异化教学的观念和操作方法，认真体会，对教学应该会有很多有益启示。"没有也不可能有抽象的学生"可以说是这本书的"文眼",其重要性无可替代。"没有也不可能有抽象的学生"意味着生命个体的无限多样性和复杂性,意味着教育任务的艰巨和艰难,在讨论本书所有教育观念时,不能忘却"没有也不可能有抽象的学生"这个论断。事实上,在《给教师的建议》阅读交流中,许多教师讨论某个问题时,总是进入不了文本,谈着谈着就完全回到自己的经验中,使交流停留在一个较低的水平上,超越不了讨论者的标高,失去了阅读本身的意义。既然是一次"阅读"的交流分享,回到文本,无论是寻找答案,还是质疑批判,和文本进行充分的对话,由文本再反观自我和他人,形成新的认识,阅读才有其价值。"读好"需要专业的引领和带动,指导教师掌握必要的阅读乃至写作的策略和方法,让教师在阅读中能够真正走进文本,和文本进行充分的对话,领略文本的魅力。只有"读好"了书,教师才能体验读书之乐,真正喜欢上阅读。

读书,要"用好书"。对教师而言,读书既是精神生长的需要,也是自身专业发展的需要,更是为学生提供更有品质的教育的需要。因此,读书之用应该体现在教师从专业素养到心灵的全面提升上,体现在工作效能和工作实绩的全面提升上。正如北宋理学大师程颐说:"如读《论语》,未读时是此等人,读了后又只是此等人,便是不曾读。""用好书"就是要通过书来改善工作和生活,通过书实现自我的成长乃至蜕变。苏霍姆林斯基这样对青年教师说读书之用:"教育——这首先是关心备至地、深思熟虑地、小心翼翼地去触及年轻的心灵。要掌握这一门艺术,就必须多读书、多思考。你读过的每一本书,都应当好比是在你的教育车间里增添了一件新的精致的工具。"显然,在苏霍姆林斯基看来,教师只有通过广泛的专业阅读,才能洞见教育,真正胜任教育工作,这也是书最基本之用。但"用好书"不仅仅是实用性的"用好",更重要的"用好书"是通过不断地阅读、感悟、积淀、内化,让书籍丰富和提升自己,让书籍成为滋养心灵的养分,让自己获得精神上的生长和超越。用好书,书才能成为教师成长的阶梯,读书也才能成为教师内在的需要,让教师真正痴迷于读书。

带领教师走上读书之路,让学校涌现越来越多的好教师,这是校长治校最便捷、最可靠的路径。

让学习真实地发生
——我从"学习共同体"中看到了什么

2019年4月29日,海沧区教育局又举办了一场基于学习共同体的教学研讨活动,胡雅、陈群莹、何梦清、谢小丽、林虹妹、林霞六位老师执教"学习共同体"公开研讨课,台湾新北市秀郎小学林文生校长主持评课活动,国际著名教育学者、日本东京大学佐藤学教授莅临指导,并作专题讲座。继2月28日举办共同体教学研讨会,仅仅过去两个月又举办全区性教学活动,目的何在?两次的研讨会上,我们能够看到什么不同?

"学习共同体"的实践,是系统性的教学改革,是从教育观念到教学行为的巨大转变,无论已经走进还是仍在旁观的学校领导和教师都难免会有种种疑虑:大班额情况下的分组教师能否掌控得了,课堂乱了怎么办;课堂的时间更多交给了孩子,教学任务能否完成;教学目标达成如何评估,学业测评水平是否有保证?等等。这样密集地举办大规模研讨活动,就是要让大家亲身去感受"学习共同体"带来的变化,看到某种可能,并在专家的引领下逐步认识"学习共同体"的哲学内涵,探讨"学习共同体"的实施策略,坚定行走的信心,并吸引越来越多的学校和教师走进"学习共同体"。

时隔两个月,陈群莹、何梦清、谢小丽三位老师再次走上公开课的舞台,林虹妹、胡雅、林霞三位老师主动请缨执教公开课，她们突破自我的勇气和追求美好教育的情怀让我深深感动。正因为有这样一群不甘平庸、不满教育现状的教师，教育有了更多的可能。

时隔两个月，再次走进"学习共同体"的课堂，与上次相比，无论是再次执教的老师，还是第一次担纲公开课的老师，他们的课堂都让我看到了明显的变化。

教师的"共同体"意识更强了。上次的公开课，我还是有一种"穿新鞋走老路"的感觉，虽然分组了，但教师的引导策略很多时候依然停留在原本课堂的组织形式上，比如问题抛出后留给学生思考、反刍的时间太少，甚少给予小组互相表达聆听的机会，过多关注个人的表达等。而这次课，教师的"共同体"意识明显增强了，什么时候教师应该退出，什么时候应当跟进，教师把握更加自如了。课堂上更加关注引导小组内的对话、聆听，更加关注四人小组的集体表达，更加关注小组中的弱势学生。"学习共同体"的协同学习需要一个基本规则的形成和取得共识的培育过程，这样一个过程有赖于教师"共同体"意识的确立，这是一个很大的进步。

教师的教学姿态更加柔软、温和了。课堂上，教师的声音小下来了，轻声细语，充满了安静的力量；教师的语言亲切起来了，更加善用激励、肯定的语言来支持孩子。遇到跟不上的学生，教师会走到他身边或摸摸他的头，或揽着他耳语几句，把他拉回课堂。课堂上，经常可以看到教师来到孩子身边，俯下身，甚至蹲下身子，只是为了和孩子进行一个眼神的交流，此时教师就是孩子学习的真诚陪伴者，课堂上弥漫着温暖的气息，营造了一种安静、润泽的学习环境，这是真正适合人学习的环境。

孩子之间温暖的关系正在形成。与上一次研讨课相比，群莹老师、梦清老师、小丽老师班级中孩子的协同学习更进了一步，孩子交流的声音更小了，真的是"窃窃私语"，小组讨论时课堂保持着一如既往的安静。孩子之间两两协作更加自如，请求帮助和提供帮助更加自然，相互提醒，相互鼓励，似乎正在悄悄发生。孩子之间充满着一种友善，一种关怀，这样的课堂氛围真的令人感动。传统课堂上，每个人的学习都是独立的，后进的学生，经常是孤独的，缺少来自同伴的关怀和帮助。只有在学习共同体的课堂，来自同伴的关心支持才有可能，这是学习共同体最有魅力的地方之一。

观察者的角色意识转变了。记得在上一次的"学习共同体"研讨会上，虽然林文生校长一再强调，观察者只要描述出课堂上学生真实发生的表现就可以了，不要提任何建议，不要提你自己是如何如何想的，但我们观课者还是很难摆脱传统评课的影响，总是忍不住把视角放到教师的教学上，总是忍不住要给执教者提些"善意"的建议。出乎意料的是，这次的观课者有了极大的转变，在听完胡雅老师的公开课后，11名观课老师都是非常优秀的观察者，翔实地记录学生的课堂行为，只作客观描述，不加主观评判，能够从长期养成的习惯中摆脱出来，真的不容易！看来，成长的不只是执教公开课的老师，还有其他陪伴的老师们。这样的教师共同体，才是学习共同体能够走向成功的关键。

时隔两个月，也许我们在"学习共同体"的课堂上只是迈出了微小的一步，但这微小的一步却是可见的，值得我们为之欣喜，也让我们对"学习共同体"的道路更加充满信心。

任何一项变革都不可能是一蹴而就的，何况这样一项涉及教育思想、教学组织、教学行为变革的课堂教学改革，所以，在看到可喜变化的同时，我们也依然看到种种的问题和困难。比如，总有一些小组无法很好地协同学习，总有一些孩子似乎难以融入同伴中；常态的学习共同体课堂，怎么找到足够多的观察者；如何设计核心问题；如何设计挑战性问题；等等。林文生校长的点评和佐藤学先生的讲座，都给我们提供了很多策略，或者解决问题的线索，我相信，只要坚持，这种种的问题都能够在实践中依靠老师们的共同智慧逐步解决。

佐藤学先生在讲座结语中说："唯有持续学习的教师，才能感受身为教师工作的幸福。因为教职是需要专业的工作，是奠基于准备孩子的将来与社会的未来的公共使命，在设计学习、教学实践、课后反思的过程中，统合理论与实践的工作。"学习共同体的实践过程，就是一个自我挑战的过程，一个持续学习进化的过程，一个努力为孩子提供更加幸福而卓越的学习的过程。衷心希望越来越多的老师能够走进学习共同体，成为实践者，或者至少成为陪伴者和支持者，教育的改变从我们每个人的自我改变开始。

读与写是成长的重要路径
——写在《文心》面世之际

我们一生都在读，读所处的环境，读形形色色的人，读我们自己，读各种各样的文字。正因为读，我们走进了人类几千年的文明，认识了自然，认识了社会，认识了人性，认识了自己。这里所说的读，当然特指读书——读人类各种优秀的图书。一个人如果一生所读仅限于教科书，那是这个人的悲哀，真正的读书应该要游进浩瀚的书海。培养读书习惯最好的时机就在中小学，中小学时期如果没有遇到让自己激动不已、沉浸其中欲罢不能的书，那就很难真正爱上读书。所以，中小学教育的一项重要责任就是让孩子爱上读书，让他们接触到大量的书籍，让他们从书中看到更加广阔、丰富的世界。正因为读书如此重要，海沧区大力推动"书香校园"建设，让书香浸润校园；引进亲近母语"阅读地平线"项目，推进阅读课程化，培养阅读，指导教师，提升阅读品质。

读与写是一对孪生兄弟，离开了写，读就必然失之于肤浅，不可能深刻。有人说，读是输入，写是输出，是把读的所思所想表达出来。依我看，写不仅是输出，更重要的是一种对话，与读的对象对话，也是藉由此对象与自我进行对话，不断地觉察自我，写得越多，对话就越深入，对思想与精神的滋养也就越深刻，自我的精神也就越有质地、越丰盈。这是一个自我发现、自我提升的过程。

艾德勒在《如何阅读一本书》中说："阅读，如果是主动的，就是一种思考，而思考倾向于用语言表达出来。一个人如果说他知道自己在想些什么，却表达不出来，通常是他其实并不知道自己在想些什么。"无论是读世界这本书，还是阅读真正的书籍，将读的思考，将思想或情感的共鸣，诉诸笔端，变成文字流淌出来，这是一件多么美妙的事情。

儿童天生就有写的能力。据说鲁迅先生曾说："孩子是可以敬服的，他常常想到星月以上的境界，想到地面下的情形，想到花卉的用处，想到昆虫的语言，他想飞上天空，他想潜入蚁穴。"这丰富的想象，正是儿童写作的源泉。《文心》这本书中的学生作文，证明了这点，让我们惊叹。

让儿童学会写作，关键是写起来。美国儿童文学作品《特别的女生萨哈拉》有一段关于写作的有趣描写：波迪老师来任教的第一节课，就要求孩子们每天写一篇日记，这节课就开始写第一篇，"问题学生"萨哈拉临下课了才在日记上写下几个字"我是作家"。第二天日记本发下来了，萨哈拉看到波迪小姐的批语是"我相信"。萨哈拉实在不知道日记该写什么，有几天没写日记了，这天上学，她看到波迪老师在她的第一篇日记下又写了一句话："作家是要写作的。"在波迪老师的循循善诱下，萨哈拉终于真正写起来了，越写越好。萨哈拉的写作天分甚至让波迪老师惊叹。于是，在波迪老师的再三鼓励下，上课从不发言的萨哈拉给大家朗读了她的文章，同学们惊艳的目光给了萨哈拉信心，更激励了萨哈拉的写作热情。萨哈拉当然真的成了一名作家，因为她就是本书作者的原型。

是呀，只要写起来，就自然会写，甚至可能成为作家。

《文心》这本书的目的就在于让孩子们的文字变成铅字，变成一本本精美的图书，让更多人读到他们的文字，让他们互相看见，激发他们写作的兴趣，让写作逐渐成为一种习惯，让写与读互相促进。

办一本区级的学生写作刊物是我们多年来的愿望，但这实在是一件吃力不讨好的事情，种种原因，每次提起最终又都轻轻放下。

今天，这本属于孩子们自己的书《文心》终于面世了，感谢席霍斌老师领衔的编委团队主动担纲，感谢华东师大出版社朱永通老师的大力推动以及提供的专业支持，感谢海沧教育基金会为刊物提供了经费保障。

愿《文心》能够一直走下去，愿《文心》带给越来越多孩子写作的乐趣。

好风凭借力,送我上青云
——写在海沧区"校长成长学校"启动之际

人间最美四月天,海沧区中小学"校长成长学校"在这个万物勃发的春天里正式启动了。

人们常说:"一个好校长就是一所好学校。"这句话也许并不缜密,但所有人都不会否认,校长对于一所学校有多么重要,好的校长有时的确具有化腐朽为神奇的能力。

要成为一名好校长真不容易。我当了六年的中学校长、九年的教师进修学校的校长,一直努力当一名好校长,但直到离开校长岗位,觉得自己离好校长还很远。

当校长难就难在对自己既要视之甚轻也要视之甚重。视之甚轻,说通俗点,就是不要把自己太当回事,不要有任何的优越感,更不可以把校长当成"官"。视之甚轻,就会放低身段,不自以为是,不盛气凌人,不独断专行。视之甚轻,才能将他人看得很重,以欣赏的眼光看待每个老师,发自内心尊重、信任学校里的每个人,以服务他人、成就他人为乐。然则,校长是学校的首席领导者,好校长是学校当之无愧的"灵魂人物",其重要性在学校中无可替代。视之甚重,会意识到自己就是学校众人的"镜子",一言一行都会对他人产生重要影响。视之甚重，会明白校长很可能就是限制一所学校发展的天花板，因此你只有不断地向上生长。如此，校长才会朝乾夕惕，如履薄冰，慎独慎微，才不会只满足于成为娴熟的行政管理者，还会努力成为教育的真正行家，成为学校办学思想的真正领导者。视之甚重，就会永远走在成长的路上，为人师表，德高身正，努力成为师生心中的大先生。

当校长难就难在既要观照当下又要着眼长远。观照当下，校长必须为学校现实的发展负责，必须为学校中鲜活、具体的师生发展负责，校长既要有能力评估查找影响学校发展的痛点和堵点，也要有能力带领干部教师走上学校再突围、再发展的路径，一步步展现出学校办学的丰硕成果，让学校赢得良好的口碑，让师生有较为满意幸福的校园生活，使他们对自己、对学校都能充满信心。但一个好校长不能只观照学校当下的发展，而要着眼长远。着眼长远，校长不能只顾当下，要放眼未来，谋学校十年、二十年乃至更长远的发展。着眼长远，校长才不会竭泽而渔，不会急功近利。着眼长远，校长就会谨慎评估当下的各种策略措施是否会有隐患，就会努力避免或克服短期行为。着眼长远，校长才愿意在真正的文化建设上下功夫，在教师专业发展这些不能立竿见影的事情上下功夫，才愿意坐冷板凳做为未来奠基的事情，所谓"功成不必在我"。着眼长远，校长才会有这样的抱负和胸襟。

当校长难就难在既要传承守正又要创新开拓。传承守正，学校是有生命的，无论辉煌还是衰弱，寻其变化脉络，都可以是办好学校重要的行动指导，值得认真研究。校长到任何一所学校任职，都应当尊重这所学校的历史，尊重学校扎根的传统和地方文化，要在研究的基础上分辨和取舍，去芜存菁，在传统中汲取精华，在继承中发扬光大。传承守正，校长还应当尊重教育规律，坚持教育本质，坚守教育底线，不人云亦云，不随波逐流，不标新立异，要有定力，永远走正道。创新开拓，是学校发展的动力。这是一个瞬息万变的时代，科学技术日新月异，知识和信息快速迭代更新，人工强智能初露端倪，新的教育形态已经在萌芽和发展，分科教育、班级授课制、传统学校学制是否还是最佳的教育选择，各种挑战已经到来，可以说，这样一个时代，不求新求变，绝无出路。

当校长难就难在既要提升办学效益又要坚守教育价值。良好的办学效益是办好学校的必然要求，办学效益不好衡量，最重要的评价要素当然是教育质量。然则"教育质量"本身也是一个复杂的、相对的概念，于是，直观的"学业表现"和"升学率"几乎就成了"教育质量"的代名词。我们说，质量是学校的生命线，学校要生存和发展，就不能不重视这个相对的"教育质量"，这既是办好学校的应有之义，也是对师生负责的应有之义。但一个好校长，在追求效益的同时，必定会坚守应有的教育价值，悬梁刺股也许真有奇效，但是否有悖伦理？"提高一分，干掉千人"也许就是真实的写照，但这样赤裸裸的提法是否太过功利？加班加点、苦学苦干也许短期有效，但是否伤及师生可持续发展的根基？好校长会有自己的价值坚持，能始终坚守教育底线，寻找可能的平衡点，寻求更科学、更专业的效益提升方式，而不会蛮干，不会以牺牲师生健康和发展潜能为代价盲目追求成绩。

当校长难就难在既要管好墙内还要协调墙外。学校围墙内自成体系，如同一个小社会，校长作为当家人，围墙内大大小小的事都不能不放在心上，经费、建设、人事、规划、课程、教学、社团、评鉴、奖惩、教师发展、学生安全等每样都重要，都关系学校发展大局，都得关心过问，甚至亲自谋划指导，围墙内的事足够让一个负责任的校长操碎心。但校长只管围墙内的事却很难办好学校，学校虽相对独立，却也离不开它扎根的这块土地的滋养。围墙外方方面面的因素都会影响学校的办学，好校长要有跨界意识，要有协调处理外部各种关系的能力，开门办学，有意识地将学校发展融入社区的大环境中，主动发挥学校的影响力，积极参与社区文明建设，调动社区、周边企事业单位力量为我所用，能够跳出教育看教育，有意识地挖掘社会资源助力学校课程和文化建设，通过多种途径影响家长成为学校可靠的合作伙伴，真正汇聚家庭、社会、学校的力量，形成教育合力。

好校长难当，难就难在总要在这种种的两难中，找到恰当的平衡点，寻求可能的最佳路径。从普通校长到好校长需要一个成长、蜕变的过程。成立"校长成长学校"就是希望给大家搭建一条可以更快登上好校长平台的阶梯。"校长成长学校"的课程由四种行动构成,即校长读书行动、校长思想分享行动、校长专业研修行动、校长课题研究行动。这四种行动通过名家引领、经典赋能、同伴共研、实践反思来展开。

名家引领重在"偷师"前辈和贤达,不仅学习他们的宝贵经验和思想精髓,还要学习他们做人做事的态度,要习其道、学其神,争取青出于蓝而胜于蓝。经典赋能重在理论提升,要通过经典阅读,提升理论素养,更加深刻认识教育,逐步形成有体系的办学思想。同伴共研重在共同发展,通过共读、共研和交流分享,相互帮助,相互推动,共同发展。实践反思重在将个人思考内化,校长要过上反思性的教育生活,要将学习研究与实践紧密结合在一起,将实践中的困惑放到学习中研究解决,把学习中的收获融入实践中以提升实践水平,不断感悟、内化,提升实践能力,厚积专业素养。

"好风凭借力,送我上青云。"我们期待校长们借助"校长成长学校"这股好风直上青云。

一场浸染式的教师学习变革
——海沧区推动区域教师阅读的回顾与展望

我们为什么需要读书？朱熹《观书有感·其一》中"问渠那得清如许？为有源头活水来"作了最好的回答。北师大厦门海沧附属学校的李燕玲老师是一个真正爱读书的人，李老师上课时气场强大，浑身散发着一种智性的光芒，她是这样说读书的："阅读就像树的年轮，总会留下印记，它扎扎实实地围绕着我的生命和内在精神旋转，每个年轮都代表我的每段经历、每个时期。而所有来自于阅读的语言、文化、传统、经验、阅历、时代的痕迹，一起构成我的生命本体，让我由此获得抵抗现实问题的力量。从这个意义来说，阅读，只是为了创造更好的自己。"教师作为一个以育人为工作任务的特殊职业群体，读书对其的意义更非同一般。孔子说"学而不厌，诲人不倦"，显然在夫子看来，"学而不厌"是"诲人不倦"的前提，"学"不仅是丰富知识的需要，更是精神生长的需要，对成年人来说，"学"的途径固然有千万条，但其中最重要的一条当然是读书。韩愈说"师者，所以传道受业解惑也"，要开解学生学问之"惑"、生命之"惑"、宇宙万象之"惑"，难以想象，没有持之以恒的学习，没有皓首穷经，何来解惑之能？读书是教师实现自我教育、自我发展的必经之途，只有发展好自己，才可"诲人不倦"，才有"传道受业解惑"之资格。然而，教师这样一个本应自然与书为伴的群体，其读书状况却并不乐观，有的教师除了教材教参之外，几无阅读。如何改变这种状况？回顾海沧的教师阅读推广，其触发似乎有一定的偶然性，但究其根本，其实是一种必然的选择。

| 初开风气：半亩方塘一鉴开，天光云影共徘徊 |

2010年年底，时任北师大厦门海沧教师培训中心主任的栾少波老师有一天到访区教师进修学校，他聊起他们中心计划牵头推动所在未来海岸社区的居民阅读，为创建学习型社区贡献点力量。这与我们一直想推动教师阅读不谋而合。教师进修学校号称"教师专业成长的加油站"，其主要职责是为教师的专业发展提供多种方式的支持，但在推动教师专业发展的工作实践中，我们经常有种无力感，教师培训、教育科研、主题教研、名师沙龙等，固然都有其作用，但也各有其局限，例如各种专业培训，培训主题是否契合所有参训者的需求？课程质量如何保证？培训成果能否转化为参训者的教学能力？培训的影响力能否持久？培训的有效覆盖面有多大？……太多的不确定因素，让我们对教师培训的成效疑虑重重。我们也不难看到，无论多么高品质的培训，教师内心的发展愿望若没有被唤醒，有时也就引发那么一小阵子的激动而已，回到日常的教学生活，很可能依然是一如既往。此外，受工学矛盾、资源、时空等诸多条件限制，教师培训难以顾及每个教师及其每个时期的个体需求，培训与教师专业发展之间总是隔着一层若有若无的膜。当然，培训不是教师专业发展的唯一途径，需要科研、教研、工作坊等多种方式互为补充，但即便有这么多种方式支持教师的发展，却还是无法尽如人意。尤其这些方式似乎都很难触及教师精神层面的东西，基本都只能在"技术"层面用力，总有隔靴搔痒之感。我们越来越清楚地看到：只有唤醒教师内心的生长愿望，唤醒教师自我的"发展勇气"，那些教师专业发展支持方式才能够真正发生作用。换句话说，教师的精神生长应该优先于能力提升，教师能力提升的"自我觅食"应与"固定给食"相结合。在这样的思考中，我们想到了书籍，唯有书籍才有可能满足不同教师专业发展的个性化需求，唯有书籍才有可能随时随地陪伴、帮助、支持教师，唯有书籍才可能抵达和滋养每个人的心灵。但怎么带动教师读书？这是个大难题。

栾少波主任的"社区阅读计划"给了我们很大的启发。我们设想，能否将教师阅读和社区阅读结合起来，以教师的阅读来带动孩子和家长的阅读，反过来，又以家庭亲子的阅读来促进教师读书，并逐步形成良好的社会阅读生态？于是，"书香海沧　教师领航"的创意就在这次聊天中诞生了。2011年，区教育局启动了"书香海沧　教师领航"读书活动，这个活动的主要内容有：共读一本书、推荐一本好书、"我与书"故事征文、评选最爱读书家庭。初衷是以和风细雨的方式唤起教师对书的记忆，让教师逐步亲近书，并以之影响到家庭、社区。同时，区教师进修学校发挥与"社区学院"同一个机构两块牌子的优势，积极与厦门书香阳光书店合作，配合书店开展"悦读福袋"传递活动，在学校和社区开展优秀童书的传递"悦读"活动，组织"两岸阳光故事家族"进社区，举办儿童文学作家进校园系列讲座，学校、社区共同推进读书活动。

在活动的影响下，很多学校开展了"书香校园"建设，在学校里建"教师书吧"成了一种风尚。有些学校在校长或者一些爱读书教师的带领下，共读、读书分享等活动开展起来了，教师阅读之风渐开。但我们很快发现，教师阅读远不如社区亲子阅读开展得好，"悦读福袋"传递风靡社区，儿童文学作家进校园开讲座备受家长和孩子们喜爱，但教师阅读不温不火，真正影响的人极其有限。显然，泛泛发动宣传，并不能大范围改变教师的阅读状况，不能为教师读什么书、怎样读书提供有效的指导和帮助，也不能真正触动到那些不重视阅读的学校和不爱读书的教师。阅读是一件很自我的事情，每个人的阅读需求和喜好都不一样，不可能强求一致，但一定数量的教育经典和专业书籍应该是教师阅读的必经之途。怎么让教师的阅读能够真正走向自主？怎样让教师进行深度的专业阅读？难道除了行政强制之外别无他途？我们深感困扰。

渐成气象：昨夜江边春水生，艨艟巨舰一毛轻

2013年，厦门市教科院的段艳霞老师走进了我们的阅读活动。段老师带领一群爱书的老师组建了一个读书共同体，完全是民间行为，坚持多年，并不断有新人加入。这个团队中有很多成员在自己的学校也组织起了读书共同体，这正是我们希望达到的"星火燎原"的效果。他们是怎么读书的？是怎么坚持一起读书的？是什么力量让共同体的成员乐于自己也去组建共同体？带着这样的问题，我参加了段老师在海沧延奎小学主持的一次读书活动，了解了他们共读的基本流程：指定书目—个人品读—提纲精读—世界咖啡模式交流分享（可以多次重复这个流程）。通过个人与文本的对话、阅读者之间的对话，这成为一个不断碰撞出思想火花、阅读者相互激发滋养的过程。这个模式给了我们很多启发，于是有了初步设想：通过行政的力量做前期的阅读推动，但又不过度依赖行政，以共同体的方式培养一部分阅读种子教师，再由种子教师带动其他教师阅读，并逐步走向教师自主阅读。

2014年4月23日，海沧区教育局正式启动了"书香海沧 教师领航"教师全员阅读行动：以自主申报为主，从各学校挑选了103名阅读种子教师，组建了种子教师读书共同体，通过一段时间的共同体读书活动，再由每个种子教师组建一个二级读书共同体。区级层面聘请阅读专家带领"种子教师"共同体读书，培养他们成为教师阅读的领路人，再通过种子教师带领二级读书共同体共读，将教师阅读逐渐普及开来，从而改善学校的文化生态，最终让阅读成为教师的一种生活方式。同时，通过"教师领航"将阅读延伸到家庭、社区，带动全民阅读，提升区域的文化品质。

在"书香海沧 教师领航"的共同体活动中，我们又遇到了一个关键性人物——华东师范大学出版社的朱永通老师。朱永通老师应邀作为嘉宾参加了种子教师读书共同体《教育的目的》共读交流会。活动后，朱老师和我们探讨了这种读书形式的优点和不足，并对如何改进、如何让阅读形成持久的氛围提

出了很多建设性的意见。正因为永通老师的促成，才有了 2014 年 11 月海沧区教育局和华东师范大学出版社联手举办的"海沧区第一届教育阅读节暨大夏书系读书节"，林茶居、朱永通、朱煜、谢云、凌宗伟、杨斌、邱磊、王珺等教育书籍作者和教师阅读推广人走进了海沧，成为海沧教师阅读的专业支持者。这些阅读的先行者都成了海沧的老朋友，很多海沧的教师成为他们的粉丝。于是，就有了第二届、第三届直至第九届影响越来越大的教育阅读节，也有了周国平、傅国涌、李政涛、魏忠、徐明、姚跃林、沈安平、王木春、陈心想、李友梅等越来越多的"作者和读者"走进了海沧。"教育阅读节"是海沧教师阅读可持续发展提升的一个重要制度设计，从首届的"阅读是最好的自我教育"，到"向经典致敬""眺望美的教育""最好的教育在家庭""教育的哲学追问""做有品质的教育"，一路走来，阅读节与海沧教育发展相伴相随，直面的都是海沧教育在那个发展节点上应该回答的问题。阅读节不仅仅营造了良好的阅读氛围，更重要的是，它为教师阅读提供了专业引领和精神支持，并引发教育人共同思考和交流重要的教育命题。如第五届教育阅读节的主题聚焦于"教育的哲学追问"，教育学是人学，既然是人学，就不能不追本溯源，思考教育是什么？教育又为了什么？怎么才能实现教育的目的？追问是为了通往智慧，让教育更接近本质，让人因为好的教育而实现幸福而有意义的人生。这样的阅读，这样的思考，对教师，对海沧教育，对莘莘学子，无疑都是重要的。

在"书香海沧　教师领航"教师阅读活动推动过程中，来自社会的支持力量也不容忽视。厦门书香阳光书店董事长陈雅勤女士是"书香海沧"的有力推动者，由她创办的"悦读福袋"童话书传递活动走进了 28500 多个家庭，76863 个福袋，传递达 20 余万人次，惠及 10 万个孩子；她发起的"两岸阳光故事家族"故事志工队伍不断壮大，现已拥有 402 名志愿者，许多教师成了"故事妈妈"中的一员。海沧区社区学院与书香阳光书店合作，每年举办作家进校园、进社区活动，梅子涵、曹文轩、彭懿、沈石溪、子鱼、刘虎、黑鹤、伍美珍、方素珍、香橼姐姐、熊猫姐姐、梁芳、柯倩华、黄红招、何倩、史军、王欲荷、郭姜燕、埃尔维·杜莱（Herve Tullet）、夏炜、杨渡等一大批优秀作家或童话书研究者走进海沧，播撒阅读的种子，营造了海沧全民阅读的大环境。民间阅读与教师阅读，相互影响，相互推动，相得益彰。

"厦门青年教师读书共同体"也是海沧推动教师阅读的重要支持力量。海沧教师读书共同体的许多领衔人本身就是其成员，"厦门青年教师读书共同体"的核心成员段艳霞老师、潘品瑛老师、蔡可老师更是频频来到海沧，参与并指导海沧的教师阅读活动，可谓"同声相应，同气相求"。

海沧的教师阅读活动还受到了媒体的广泛关注。《中国教育报》《中国教师报》《教师月刊》《基础教育课程》等报刊都关注并报道过海沧的教师阅读活动。《中国教育报》"读书周刊"主编王珺老师更是长期关注海沧教师阅读活动进展，每届教育阅读节都莅临全程参加，及时报道海沧阅读节盛况。来自媒体的关注和支持，既是肯定和鼓励，也是对我们的鞭策。

| 走向自主：向来枉费推移力，此日中流自在行 |

用行政力量来推动阅读，乃无奈之举，实非我们所愿。我们一直希望在前期行政推动的基础上，逐步改变组织方式，让行政色彩逐渐淡出，让阅读成为教师更加自觉、自主的行为。2016年4月23日，区教育局向全区教师发出倡议书，号召教师自主申报领衔组建"教师阅读共同体"。发出倡议之后，我们心怀忐忑，不知道有没有教师申报。让我们倍感鼓舞的是，最终有42位教师申报了"教师阅读共同体"，这42位教师绝大多数是2014年的"种子教师"，看来，"阅读种子教师"的培养计划还是成功的。42个共同体，平均每个共同体都有20多位核心成员参加，近千位教师就这样自发地参与到读书这件事来。事实上，这些共同体中的很多成员，他们除了参与共同体活动之外，又将读书带进了自己所在的年段、学科组、班级，有的教师还组织了家长阅读会，这是一股巨大的阅读影响推动力量。把教师阅读的选择权交还给老师，教育局"行政的手"尽量后退些，如教师节给全区每位教师送本书、给各共同体提供一些可供选择的书籍、持续关注共同体和教师个人的阅读、办好一年一度的阅读节、评选表彰优秀的共同体等。不给行政压力,但始终关注,始终陪伴,始终有支持的力量在。

"读书共同体"改变了许多教师的学习生活生态,也改变了学校的学习文化,许多学校的教师例会变丰富了,读书分享成为最受欢迎的一个内容。教师阅读分享活动形式丰富活泼,教师读书之风越来越盛。2017年,我参加了华中师范大学海沧附属小学的一场读书会,其中有个环节是"推荐一本好书",每位教师推荐一本自己阅读的书籍,并分享书中的主要观点和自己的思考,阐述推荐的理由,其中好些书我也是首次知道,惊叹书海浩瀚之余,教师阅读的广度也让我惊讶。有一次,参加一所学校的读书共同体分享活动,老师们的讨论非常热烈,同样的一本书,每个人的视角和关注点都不相同,有的人联系实际由此及彼,有的独辟蹊径进行另类解读,有的不迷信权威敢于批判质疑,有的观点颇有冲击力,难怪有人说,书是作者的,但也是读者的,"共读"的魅力由此可见一斑。阅读的光芒在不经意间已然照射到教师生长的每个地方,教师不仅是读书者,也是读书的领航者,随处似乎都在发生着感人的阅读故事。

北京师范大学海沧附属学校蔡祯祯老师发起了由学生家长、教师组成的"智慧父母读书会",通过每月线上共读、线下沙龙,为家长在工作之余提供学习平台。"很庆幸为孩子选择了一所有爱的学校,蔡老师每天坚持与众多家长一起交流分享,陪着孩子一起成长,在她的影响下,我们努力学习做合格的父母。"一位家长在微信交流群中写道:"打造有温度、有深度的家校学习共同体,是我们的共同愿景。"

海沧中学的陈群莹老师在带领自己领衔的教师读书共同体阅读之外,在初中组织了"彩虹桥"、在高中组织了"书香传家"家长读书共同体,从一点点啃读《名家教子书》《决定孩子命运的12个习惯》《孩子,把你的手给我》这些比较易读的书开始,为家长引入了越来越多的好书。海沧中学是一所农民工孩子比例高达90%的学校,家长学历层次较低,家庭经济状况普遍不好,很多家长走出校门后就再没读过一本书,带这样的一群家长共读,难度之大可想而知。但群莹老师坚持下来了,而且她的家长阅读队伍越来越壮大,越来越多的家长受益于阅读,极大改善了亲子关系。群莹老师讲过这样一个故事:彩虹桥阅读共同体的一位家长将《孩子,把你的手给我》推荐给一位同事阅读,同事读完后触动很大,主动拿起电话打给亲子关系破裂多年、被她送回老家发誓永不再联系的大儿子,那一刻,周围很多人被感动到了。这就是阅读的力量。

华中师范大学海沧附属小学的王婷婷老师还记得自己第一次动员班级家长组建亲子阅读共同体时的尴尬。开场时,王老师声情并茂地给家长们朗读了惠特曼的一首诗,大意是:"一个孩子每天往前走去,他最初看到了什么,这些最初看到的东西,会成为他后来生命中的一部分。你每天看到乱糟糟的杂草,这些杂草就成为你后来生命的一部分;你每天看到的是一丛丛姹紫嫣红,那么这些美好的鲜花就会成为你未来生命的组成部分。"再给家长们讲了必须开展亲子阅读的种种理由。一番话下来,连自己都感动了,但台下的家长一点都不买账。王老师回忆说:"没有所谓的一呼百应,甚至大部分都不支持,对读书共同体表示怀疑或是以忙推脱。"面对这群 46% 处于初中以下文化水平的家长,王婷婷老师明知困难重重,但她不甘放弃,还是毅然带着家长们走进了阅读共同体。为了让共同体的活动能"被看到""被激励",王老师注册了微信公众号"王同学的神奇飞书",将每次共同体活动中家长、孩子的分享都发到公众号上,并适时给予评价。"王同学的神奇飞书"迄今已经推送了 60 多期,王老师读书共同体中的家长们也在蜕变着。"那些平日里'生活在别处,眼里只有工作'的家长把更多的时间留给了孩子。他们把周末读书会开在图书馆、小河边、凉亭里、草坪上、体育馆中以及温馨的家里。"

芸美小学的黄丽红老师心里一直有一个关于阅读的梦想:"农村孩子的阅读条件并不那么理想,我希望自己能建一个完全免费开放给孩子、每一本书都是我亲手选的、适合不同年龄的孩子的阅读室,让阅读带他们走很远、很远。"2017 年,在区教育基金会的资助下,在一个农村社区里,黄老师的"蓝叶书屋"诞生了。从此,黄老师就把自己的闲暇时光都献给了这个她和几位美术老师亲手布置的书屋。每逢假日,一个地处乡村的社区,一间浪漫的书屋,便有了一群大人、孩子在安静地听,在静默地读,偶尔从那里还能飘出朗朗的读书声。

改变悄无声息，却又实实在在发生着。2016年年底，一位老教研员说，这两年参加进修学校组织的"主题研修"读书活动，被逼着读书，虽曰被动读书，却也读出了感觉，受益匪浅。2017年开年，一位原来不怎么读书的老师，和我聊起了《教育的细节》，还很自豪地向我推荐了他刚读完的《人类简史》。2017年春季，一位校长给我打电话说，学校今年要抓几件大事，第一件大事就是要抓好教师阅读，因为已经有不少老师因阅读而悄然改变。2017年9月，我参加海沧区学前教育"悦读节"活动，获知幼儿园老师自发组织了50多个读书共同体。还有老师在分享时说，这几年最大的收获就是从被动到主动读了好几本专业书。

2019年秋季开学不久，一位朋友发给我一张他与某位教师微信对话的截图，截图中有这样的文字："读书之妙，妙不可言。今日工作中的困惑正萦绕心头，难以释怀。睡前阅读偶然遇见明灯，瞬间驱散阴霾。幸好，我下午及时向小何道歉了；幸好，我没有因为一时的主观臆断伤了孩子的心而不自知；幸好，在我与小何目光相对时，捕捉到了他的惊惶与委屈……每一个孩子都配得上'甲上'加十个苹果，这与他们当前的片面的学习成绩无关！"文字下还有两张图片，是这位老师正在阅读的书内页。原来这位老师阅读的正是《追寻对的教育方式》中的一篇文章《这样处理作弊可以吗？》，恰是拙著，朋友就截图发给了我。文字的相遇有时竟是如此动人！

2020年4月，在幼儿园教师的一次线上阅读分享中，一位年轻的教师这样说："读完《追寻对的教育方式》中《请慎用我们的"教育权"》《这样处理作弊可以吗？》《惩戒当慎施》这三篇后，我写下这样一段话：一本书看到这里，越发觉得难受，回想自己的成长历程，在最为重要也最为叛逆的时期，我竟没有遇到一位可以站在我的立场上思考问题的老师，或许是我太过于顽劣，他们永远用自己的主观意识来批判学生。学生一旦被冠上了'问题学生'的头衔，那么他永远是'问题学生'。成长的过程中遇到一个愿意懂你的老师有多么的可贵……我永远地错过了那段本该美好的时期，留下的是一张现在想起都觉得揪心的嘴脸,想到这儿眼眶竟然湿润了……虽然我没有遇到,但我要努力,让我的孩子拥有!"当我看到"虽然我没有遇到,但我要努力,让我的孩子拥有!"时,我的眼睛也湿润了!多好的老师啊!

阅读这条路风光无限,走着走着,就能相互遇见,遇到一处处美丽的风景,看到一个不一样的自己。

展望未来:问渠那得清如许?为有源头活水来

读书是教师成长的源头活水,然则,支持教师读书的源头活水又在哪呢?海沧的教师阅读推广走了这些年,影响了许许多多的教师亲近书籍。然而,我们深知,还有很多教师依然远离书籍,只是被动阅读,让每个教师都乐于亲近书籍,让阅读像呼吸一样成为习惯,道阻且长,海沧的教师阅读之路如何往下走?

行政的持续支持和关注不能少,教师进修学校要深耕"读书共同体",要带好读书共同体领衔人队伍,组织领衔人的读书分享和共同体建设交流,让领衔人有机会走到更广阔的平台展示交流,让他们在引领阅读的路上一直有来自行政和教师发展机构的支持与陪伴;推出海沧教师的阅读地图,指导共同体有计划地推进教师阅读,树立共同体中的典型,发挥优秀共同体的示范作用,让共同体遍地开花。

持续办好每一届教育阅读节,要在阅读节上更多传唱海沧教师的故事。教育节要从以外来专家学者为主角,逐步转向以海沧本土教师为主角,让更多教师中的优秀"读者"和优秀"作者"走向前台,讲述他们的故事,用身边的人影响带动身边的人。

推动教师写作,没有写的读无法深刻,没有写的读也很难激活持续读的内在动力,要倡导各共同体将读与写结合起来,引导教师从泛泛而读走向深度阅读,读写结合,让教师阅读与工作生活能够发生真正的联结。定期征集教师写的读书思考文章,利用海沧教育公众号、《海沧教育》刊物推出优秀作品,让更多的人看到教师在读、在思、在写，走在努力成长的路上。

教师读书与校长是否爱读书关系密切，一个爱读书的校长一定能够带动一大群爱读书的教师，要重视校长阅读习惯和阅读力的培养，组织校长读书沙龙，校长每年至少共读两本专业图书，并将校长读书与分享纳入校长的年度考核。

更加关注教师的职业幸福和内心成长，要将海沧"绿色教育"的理念植入所有人心中，进一步营造多元共生的宽松教育生态，努力提升教师的职业尊严感和效能感，推动教师自我发展。唤醒教师自我发展的需要，才是教师愿读、乐读的源头活水。

……

读书之路漫漫，唯有坚持，才能看到我们期待中的美丽风景。

滋养·激活·赋能
——区域教师队伍建设的实践探索与思考

┃ 目标：让每位教师都成为好教师 ┃

2003年年底，厦门海沧设立行政区，回顾海沧教育20年所走的历程，教育快速发展与区委区政府高度重视教育、给予教育充分的支持、舍得持续大手笔投入建设分不开。然而，更重要的是，早在建区之初，海沧的领导者就在思考，海沧教育崛起的发力点应该在哪里？他们取得了共识，将师资队伍建设视为教育发展最重要的基石。

早在2000多年前，先贤们就认识到教师是教育成败的关键。"今之教者，呻其占毕，多其讯言，及于数进而不顾其安，使人不由其诚，教人不尽其材。其施之也悖，其求之也佛。夫然，故隐其学而疾其师，苦其难而不知其益也。虽终其业，其去之必速，教之不刑，其此之由乎。"《礼记·学记》就将教育的失败归为教师教不得法，不能根据学生的情况实施教学，可见教师对教育的决定性作用古今皆有共识。

然而，怎样的教师才称得上合格的教师，才能够给予人有益的教育？日本教育家佐藤学先生感慨："遗憾的是，即使教师被看作专家，也往往被看作是包含消极意味的准专家。……在一般人看来，教师是每天与学生接触的，最常见的职业。只要具备人性、热情与技能，任何人都可以从事教师职业。"因此，他极力呼吁："教师必须被再定义为专家，保障其作为专家的自律性与地位，使其具备作为专家的伦理与责任，实现其作为专家的成长，以肩负其实现所有儿童的幸福以及建设和平、民主、平等的社会的公共使命。"

如何让教师成为专家，海沧教师队伍建设设定了这样一个目标：让每位教师都成为"好老师"！并从"明师""德师""能师"三个维度进行了诠释。所谓"明师"，就是"明己、明生、明道"，教师要能够有清晰的自我认知，能够有意识地觉察自己、清理自己、接纳自己、提升自己；教师要能够明察学生，有儿童立场，了解儿童、关怀儿童、尊重儿童；教师要能够回答教育的本质和目的是什么，清楚教育的使命，知道教育的正确方向。"德师"强调的是教师的职业道德和职业精神，教师应该精神明亮，为人师表，成为儿童精神生长的引路人。"能师"则是对教师教育教学能力方面提出要求，教师应该掌握教育规律，有较强的教学能力，要不断提高教书育人的艺术和智慧。

| 路径：滋养·激活·赋能 |

刘清之的《戒子通录》所论"既积学以培植之，又积善以滋润之"给了海沧教育者以灵感，由此确定了"滋养·激活·赋能"这样一条教师培养路径。

帕尔默在《教学勇气》一书中说："越负责任的教师，面临的恐惧和困境有时候越大。"如果不能正视教师面临的困境和恐惧，及时予以消解或转化，教师的身心健康和工作质量无疑都会受到严重影响。

滋养，就是始终关注教师的生存状态，给予他们更多的人文关怀，为他们创造更好的生活、工作条件，增强教师的职业尊严感，增进教师的职业认同，提高教师的生命质量，让教师能够更好体验教育带来的幸福。

政策滋养。从政府层面对教师予以关心爱护，对提升教师职业地位具有根本性的意义。孔子说："为政以德，譬如北辰，居其所而众星拱之。"用政策来呼应教师的需求，解决教师实际困难，增进教师福祉，才能够从根本上增强教师的归属感，涵养教师的德性。海沧区委、区政府相继出台了很多关系教师福祉的政策，如关于教育事业优先的决定、关于教育人才引进与培育的决定、关于实行工资总额包干试点让编内编外教师同工同酬的决定；开通"教师免费公交专线车"，为边远学校教师提供交通便利，让他们能够安全、按时上下班；出台毕业生任教前五年给予住房租金补贴或免费人才公寓居住政策，让毕业生一参加工作就能有一个相对稳定的居所，减轻他们的生存压力；等等。这让海沧教师真正感受到党委政府的关爱。

文化滋养。文化具有潜移默化、润物无声的功能。通过组织"海纳群贤 沧江论道"系列活动，让一系列的教育名家、文化名人走进海沧，教师看到了这个世界还有许多精神明亮高远的人，看到许多不一样的精彩人生。通过"书香海沧 教师领航"阅读工程，教师亲近书籍，走进经典，与书为伴，点亮智慧，提升精神境界。通过"我的教育故事"，教师看到了身边的榜样，并通过故事积淀海沧的教师文化。

环境滋养。创设良好的工作生活环境，让教师能够更加舒心、舒适，能够感受到环境给予的温暖和支持。着力改善学校办学条件，为教师提供整洁、温馨的办公和工作环境，在学校开辟"教师书吧"，为教师提供可以休闲、读书的地方。从生活、心理等方面给予教师关心，如举办"心理关爱工作坊"，为教师提供专业的心理辅导、心理疗愈等，让教师生活在一个充满人文关怀的环境中。同时，努力在区域营造人人关心支持教育的社会大环境，每年教师节举办教师代表座谈会、庆祝表彰会，区四套班子主要领导都亲自参加，区政府、区委主要领导亲自主持和讲话，给予教师极大的尊重。

"滋养"是给教师以尊重和关怀，让他们更有职业的自尊和底气。但有了这种自尊和底气，不等于就能自觉成长。人在向上挣扎生长的同时，也存在贪图安逸的一种相反力量。而从事任何职业，久而久之也都存在一种走入死火状态的可能。

激活，就是让人从舒适圈中走出，或点燃死火，激发其自主发展意识，唤醒自我的发展愿望。正如第斯多惠所说："发展与培养不能给予人或传播给人，谁要享有发展和培养，必须用自己内部的活动和努力来获得。"而易卜生更是直截了当地说："你最大的责任是把你这块材料制造成器。"两位哲人都强调了人的发展应该是自己的责任，激发就是唤起教师发展的主体意识，主动发展，自我砥砺。

机制激活。通过机制创新，打破常规，为个人的成长创造更多的机会和平台。如"干部选拔培养机制"，从最初进行学校中层干部竞聘上岗，再到校级领导干部竞聘上岗，到 2018 年组织青年后备干部培养对象的选拔及培养，范围逐步扩大，培养目标更加清晰，培养形式更加科学，给了更多有走上管理岗位想法的人机会和成长的支持。封闭是教师的大敌，学校的空间和工作性质都决定了教师职业是一个具有相当独立性和封闭性的职业，这样的职业特点很容易限制教师的想象力，自我设限，难以突破。海沧建立了教师交流机制，为教师创造了大量的交流学习机会，欢迎各种人才走进海沧，鼓励海沧教师走出海沧。比如，海沧与台湾的交流，每年选派教师赴台湾住校跟岗任课两周，组团赴台参加教学研讨活动，柔性引进台湾教育专家，组织两岸同课异构教学研讨活动等，打开了教师的视野，激发了队伍的活力。

练兵激活。大力开展教师岗位练兵活动，立足教学实际，通过各种比赛和有针对性的训练、学习促进教师的成长。许多从比赛中脱颖而出的教师都有这样感受：无论是训练还是比赛，过程都是艰辛甚至痛苦的，但能够冲出来的人，都有脱胎换骨的感觉。比赛只是手段，通过比赛给予教师一定的成长压力，给予教师展现自我的平台，给予教师蜕变的机会，这是比赛最重要的意义。

资源激活。一个区域的教育资源总是有限的，能够提供给教师的平台，无论是层次还是影响力、局限性都太大。引进优质的社会资源助力区域教育发展是一条非常有效的途径。海沧先后引进了上海真爱梦想基金会、南京亲近母语研究院"阅读地平线"项目、福建师大福清分校"规范汉字书写"项目，与中华儿女美术馆馆校合作创建的"啄玉工程"项目更是获得文化部 2016 年度全国优秀公共教育提名奖。这些优秀资源的引进，为教师发展提供了更多的机会和更高的舞台，激发了更多教师内在的生长愿望。

教师职业生存状况很多时候是与他们对工作的掌控能力相关联的，越来越多的中老年教师因为跟不上时代发展的步伐，因为职业能力消耗殆尽而溃退。教学工作事实上是一项需要持续补充能量的工作，是需要持之以恒学习才能具备驾驭能力的工作。《学会生存——教育世界的今天和明天》中这样说："教育学过去一度是一种艺术——教学艺术，现在已经成了一门科学，这门科学是建立在牢固的基础上的，而且是和心理学、人类学、控制论、语言学以及许多其他科学联系在一起的。然而，教师对于教育学的应用，在很多情况之下，仍然把它当作一种艺术，而不把它当作一门科学。"

赋能，正是要通过教育科研、教师培训研修等方式让教师更好地掌握教育这门科学，能够更加得心应手地驾驭教育教学工作，从而享受教育带来的成就感和价值感。

科研赋能。启动"微型课题"，率先开展"草根性"教育科研，倡导问题即课题，研究真问题，做真研究，从最初每年几十个课题的申报量，到现在每年几百个课题的申报，越来越多的教师参与到科研中来，从科研中收获成长。2017年，区教育局启动了"科研品质提升三年推进计划"，为引导教师提升科研的层次提供更多的保障，也让我们斩获了更多的省市和国家级课题。2022年，海沧区教育局与福建教育科学研究所签订了战略合作协议，海沧区成为省教科所"十四五"时期第一个"福建省教育科研协同创新区"。2023年，海沧区教育局启动了第二轮的"教科研品质提升三年推进计划"，教育科研始终走在路上，通过有品质的科研为教师发展赋能。

研修赋能。海沧的教师培训一直是海沧教师队伍建设的一大特色和亮点，培训覆盖面广，项目齐全，层次分明，体系完整。培训坚持"全面、全员、全程"的原则，让每个教师都有培训机会，让每个职业阶段都能获得相应的培训支持。坚持从需求出发，能够解决教师职业生涯中的问题和困惑。坚持精准、优质，既有针对性又有质量。坚持走出去与请进来相结合，每年暑假期间组织外出培训的教师都在千人左右，让教师回到大学培训，重新体验学生时代的生活。组织基于问题的"主题序列化"教研活动，让教研成体系，以阶梯式递进升级。开展基于信息技术的"智慧教育"探索，启动基于"学习共同体"的课堂教学实践与研究，让教师在课改实践中和专家的指导下获得更好的成长。

名师赋能。成立特级教师工作室、名师发展工作室、特色教师工作室，发挥各级名师的辐射带动作用，让名师在引领他人成长的同时也获得自身的再成长。"不求所有，但求所用"，成立了跨地区名师工作室，聘请教育发达地区名师到海沧建立工作室，让海派、苏派的教育在海沧生根发芽。

| 思考与再出发 |

从"滋养·激活·赋能"三个途径出发，海沧教师队伍建设取得了一定成效，为区域教育的高质量发展奠定了良好基础。回望过去，我们有这样的一些体会。

唤醒。教师的成长应该成为教师自己的责任，唤醒教师的自我成长意识是教师得以成长的关键要素，教师成长的支持体系应该有这样的设计，以期唤醒教师内在的成长愿望。在我们的设计中，"教师阅读共同体"就是其中很重要的一环，鼓励教师亲近书籍，让教师在共同体中达成和他人、和经典的对话，从而不断反观自我，逐渐觉醒，觉察自我的真正需要。当然，这是一个缓慢的过程，而且需要多种因素的相互影响，需要抱以信心，持之以恒。

看到。教育管理者、教育行政部门、教师培养支持机构应该看到教师，看到每个具体的活生生的个人，看到他们的努力，看到他们的困境，发自内心地愿意为教师的成长付出努力。更重要的是，要让教师看到外面不一样的世界，看到不一样的教师生命状态。我们组织教师到台湾地区参访学习，引进异地名师工作室等，都有这样的考量，要让教师看到更高处的风景。如同太史公在写孔子世家时所感叹的"高山仰止，景行行止。虽不能至，心向往之"，当教师的眼中有了那样一处美妙的风景，有了那样一座高山，他还会愿意回到庸常吗？哪怕挣扎着往上生长一点，他也会努力的。

适时。教师职业生涯的不同阶段都有一个最佳的发展时机，抓住了这样的时机，就会有事半功倍的效果。比如刚毕业参加工作的教师，前三年就是他最重要的成长时机，所以我们设计了"新教师培养三年行动计划"，通过贯穿在三年中的多次集中培训、导师带教、教学比赛、成长论坛等，给予他们成长的支持。有时，一些优秀教师处在成长的高原期，就需要给予一定的压力，比如让他参加一次高水平的比赛，也许就能帮助他突破瓶颈。在合适的时候给予合适的阶梯和平台，也许就能成就不一样高度的教师。

持续。教师的成长应该贯穿整个职业生涯，因此，给予教师成长的支持也应该是持续不断的。尤其是在一些容易忽略的时期，比如从教5年左右的教师，45岁以后的教师，往往都会被忽视，处于一种自然生长的状态，教师职业状态的分化往往也容易出现在这些被忽视的时候，因此有必要将教师的整个职业生涯纳入视野，给予教师持续的专业发展支持。

坚持。滴水穿石，日积月累方显其功。教师成长的支持项目也只有坚持做才能看到成效。比如我们的教师阅读工程，教师共同体共读活动，一年一度的阅读节，举办到了第五届，没有间断过。一开始其实很困难，就是咬着牙坚持，一次一次做下来，一点一点地积累，一厘米一厘米地改变，做着做着你会突然发现，效果显现出来了，这就是坚持的力量。对教师个人而言，坚持无疑也是成长的关键要素，毕竟成长是需要与惰性、与习以为常对抗的，这种对抗有时是痛苦的，坚持住了也许就能化茧为蝶，放弃了也可能就泯然于众人。

联结。任何教师的成长支持都不应该是孤立的，要有意识地联结起来，形成越来越绵密的网。比如我们因为组织两岸同课异构活动，结识了上海的孙宗良老师，由此我们有了孙宗良老师工作室，有了工作室20多位老师长期的联结，有了孙宗良老师走进学校指导更多青年教师，这张网越织越大。再如，我们开展学习共同体的课堂教学改革，因为上海的陈静静老师，我们认识了台湾的林文生校长，因为林文生校长我们20多位老师走进了台湾地区的秀郎小学，认识了秀郎很多优秀的教师，认识了佐藤学教授，随后佐藤学教授亲临海沧指导共同体教学，这张网还可以这样不断编织下去。这样的联结无限生动，它不仅是物理的联结，更是能量的汇聚，是精神的相互滋养，它会真切地影响到越来越多人的生命。

教师队伍建设是一个永恒的主题，正如《学会生存——教育世界的今天和明天》中指出的："人永远不会变成一个成人，他的生存是一个无止境的完善过程和学习过程。"

海沧将永远走在路上。

拥抱变化，迈向未来
——海沧教育未来五年高质量发展之思

质量是教育的永恒主题，但不同阶段的教育发展目标和任务各有其不同，每代人都有每代人的使命，每代人都站在前人的肩膀上往上攀登。

2006年，在时任海沧区教育局局长吴伟平同志的带领下，教育局审时度势，针对海沧教育底子薄、教育发展水平低、缺乏特质鲜明的龙头学校这一实际，提出了"素质引领，均衡发展，管理创新，特色立校"的区域教育发展指导理念。五年后，陆晓红局长领导的教育局班子坚持这一指导方针，继续带领全区教职员工踔厉奋发，推动海沧教育实现历史性跨越，为海沧跻身福建省教育强区奠定了坚实基础。2017年，以田云慧局长为首的新一届教育局班子，在总结过往经验基础上，因应教育发展面临的新形势、新要求，提出了"价值引领，质量为先，创新开放，优质均衡"的发展新理念，聚焦教育质量提升和义务教育优质均衡发展，推动海沧教育再上一个新台阶，义务教育质量显著提升，区内城乡学校差异系数显著缩小。

2022年，站在新的历史起点上，海沧教育如何顺应国家"双减"政策要求，更好地落实立德树人根本任务，办人民满意的教育，为区域经济社会发展提供更加优质的教育服务保障？对此，我们提出了"坚守价值，系统治理，精准赋能、优质发展"的总体发展路径，指导未来五年海沧教育高质量发展。

坚守价值

始终坚持社会主义办学方向。坚持以习近平新时代中国特色社会主义思想为指导，坚持全面贯彻党的教育方针，坚持党对教育工作的全面领导。党的十八大以来，以习近平同志为核心的党中央多次指出，教育的根本任务是立德树人，是培养担当民族复兴大任的时代新人，培养德智体美劳全面发展的社会主义建设者和接班人。教育是党之大计、国之大计，是国家富强、民族振兴、社会进步、人民幸福的根本基石。党的教育方针系统明确回答了"培养什么人、怎样培养人、为谁培养人"这一教育根本问题，深刻理解和把握党的教育方针的丰富内涵，坚定不移地践行党的教育方针，坚持教育为人民服务、为中国共产党治国理政服务、为巩固和发展中国特色社会主义制度服务、为改革开放和社会主义现代化建设服务，扎根中国大地办教育，是教育改革发展的根本遵循。

始终坚持基础教育的公益属性。基础教育是面向全体适龄学生的国民素质教育，是提高全民族素质的奠基性工程，既寄托着亿万家庭对美好生活的期盼，也是社会公平正义的基石，具有造福公众、让社会普遍获益的性质。坚持基础教育的公益性是基础教育健康发展的基本要求，是办人民满意教育的根本保证。坚持基础教育公益性，必须努力构建更加完善的基础教育公共服务体系，既要加大公共财政投入，保障学位供需平衡，确保每个适龄儿童"有学上"；又要努力提升教育质量，办好老百姓家门口的学校，让每所学校都成为有温度、有品质、有特色、有口碑的好学校，确保每个孩子都能"上好学"。既要"有学上"，更要"上好学"，为人民群众提供更加优质、均衡、公平的教育，不断提高基础教育服务的能级和水平，这是全面落实国家"双减"政策，让教育回归育人本源、回归校园的根本保障。同时，要特别关注不断改善特殊孩子的教育状况，既要办好特殊教育学校，也要加强区特殊教育资源指导中心建设，发挥资源指导中心的引领、指导、带动作用，不断提高普通学校融合教育水平，为特殊儿童可持续发展提供有质量的教育。

始终坚持办一切为了人的教育。要贯彻落实立德树人根本任务，坚持"五育并举"，全面推进素质教育，努力构建海沧"绿色教育"体系。切实端正办学思想，着力扭转"唯分数"的畸形评价导向，逐步建立科学完善的学校评价体系，全面、客观、公正评价学校办学水平，为学校推进素质教育营造良好的政策环境和社会环境。要办"眼中有人"的教育，尊重差异，尊重个性，坚持一切从有利于学生身心健康和可持续发展出发，切实落实"五项管理"，减轻学生过重课业负担，提高课堂教学效益，促进学生健康成长。要坚决改变过度追逐分数的不良倾向，严禁用分数给学生贴标签，进一步深化基础教育课程改革，落实国家课程标准，大力推进以"核心素养"为导向的综合素质评价改革，探索创新德智体美劳五育并重、过程性和发展性相结合的多元评价办法，努力构建有利于学生健康快乐成长的育人体系，培养有责任担当、有家国情怀、有坚定信仰、人格健全、身心健康的社会主义新人。

| 系统治理 |

纵深推进"放、管、服"改革。要通过体制机制改革创新，真正落实学校办学自主权，增强学校发展内驱力，激发学校办学活力。教育局机关要有刀刃向内的勇气，推动机关事业单位改革，优化机关科室和事业单位职能，理顺权责，简政放权，坚决把"该放的权"放到位。要加强"放"之后的管理制度建设，既要指导学校"接得住"权，也要建立科学完善的内控监管体系，加强事中、事后监管评估，把"该管的事"坚决管好，防止出现"一管就死，一放就乱"的局面。放管有机结合，一体设计，相互支撑，相互促进。要进一步加强机关效能建设，转变机关工作作风，强化机关干部员工服务意识，提升机关服务基层的能力和水平。要加强与相关部门的沟通协调，推动教师"县管校聘"政策真正落地，推动落实学校经费使用、职称评聘、选人用人、课程建设等方面的自主权，强化学校办学主体地位，增强学校班子和全体教职员工办好办强学校的责任感和内驱力，多措并举，全面激发学校办学活力。

加快推进现代学校制度建设。全面推进落实党组织领导的校长负责制，加强学校党组织和党员队伍建设，推动全面从严治党向中小学延伸，切实发挥基层党组织战斗堡垒作用和党员教师先锋模范作用，保证党对教育工作的全面领导落到实处。推进民主治校，建立健全教师积极主动参与学校治理的保障机制，完善和用好教工代表大会制度，有条件的学校应探索成立学术委员会，为教师参与学校管理搭建不同层级的平台，提供各种各样的机会。发动教职员工积极、主动参与到学校制度建设中，群策群力，发挥集体的智慧，共同研究完善学校章程，逐步建立起科学、民主、规范、高效、稳定的学校制度运行系统。精心研制学校发展规划，反复研究论证，形成目标清晰、可测量，措施具体、可操作的五年发展规划，并加强规划实施的过程督导评估。以章程、规划为统领，形成"依法办学、自主管理、民主监督、社会参与"的现代学校制度体系，保障学校依法自主办学，提高依法决策、科学决策、民主决策水平，更好地履行法定职责，凝聚各方面力量，提高管理效能，实现学校稳定、健康、可持续发展。

全面推进学校文化重构。启动新一轮学校文化重建活动，通过文化重建提升学校内涵，彰显学校特色，创建学校品牌。指导各校全面审视学校文化，通过自我诊断、系统规划、全员参与，优化和重构学校文化，使之成为学校综合实力的重要反映。重视寻找文化的"灵魂"，引导学校直面问题，梳理自身发展的历史，剖析现实的发展困境，挖掘学校优良的传统，摒弃陈腐的文化渣滓，凝练基于学校历史和师生共识的核心价值观。发动师生成为学校文化建设的主人，在文化重构的过程中，力求人人参与，努力形成群体的文化自觉，使文化成为师生员工共同的"做事的方式"。重视"教育性"的环境文化建设，关注环境和校园中生命的关系，要让环境亲近人，不仅使人感觉舒适、安全，而且能够无声言说，起到潜移默化、润物无声的教育、熏陶作用。重塑学校管理文化，重新审视学校制度和管理流程，赋予制度和管理以精神内核，弱化管理的强制性,强化管理的人文性和教育性。逐步淡化学校管理的行政色彩,走学术型管理道路,提升学校学术管理能力和学术品位,使学校真正成为能够不断自我生长、自我超越的学习型组织。

积极构建家、校、社共治共育机制。积极推动社会各方面主动关心、支持教育,凝聚全社会教育资源和力量,共同致力于办好学校,共同服务学生成长。区教育局要着眼全局、统筹协调,联结妇联、卫健、民政等部门,协同推进覆盖城乡的家庭教育指导服务体系建设,共同做好区域家庭教育工作。办好"家长云学校",持续推动云学校课程资源建设,以"云学校"为纽带,组织开展家庭教育活动,采取线上线下相结合的方式,提高家庭教育的覆盖面和实效性,不断强化社会大众重视、关注家庭教育的意识,提升广大家长的科学养育能力。指导学校加强"家长学校"建设,发挥"家长学校"的家庭教育主阵地作用,常态化开展家庭教育指导,努力提升家校共育水平。倡导学校开门办学,打破"围墙",主动邀请家长、社区和企事业单位代表走进学校,参与学校治理。区教育局要勇于"跳出教育看教育",主动发起每年一次的"乡贤走学校"活动,广邀社会贤达参与学校公共治理,为学校发展出谋划策。要充分调动区内高新企业、科技文化场馆、现代农业基地等单位参与中小学生教育的积极性,为中小学生社会实践活动提供丰富的教育场所和教育资源。多方发力,多措并举,努力构建家庭、社会、学校三位一体的大教育格局,实现家庭教育、学校教育、社会教育协同发展,逐步形成人人关心、重视教育的良好社会环境。

精准赋能

资源导入赋能。着力解决学校发展不平衡、不充分问题,为学校自主发展提供新动能。更加重视小规模学校、城乡接合部学校办学条件改善、师资队伍建设,教育资源配置必须无条件向薄弱学校倾斜,要通过轮岗交流、定向分配等方式加强薄弱学校师资队伍建设,为薄弱学校自主发展奠定必要基础。组织开展第二期"发展中学校提升行动计划",着力提升发展中学校校长治校能力、管理团队执行力和教师执教能力。在学区化办学、小片区的基础上,整合资源,组建八大教育集团,发挥优质学校辐射带动作用,以强带弱,多校联动,推动学校共同发展。拓宽合作办学思路,引进不同类型优质教育资源,深化与高校和科研院所共建共创合作,积极开展基于科研创新、学校诊断、学生发展评估、项目化学习、作业设计等多维度的交流合作,助力学校发展。常态化开展"学校发展第三方评估"活动,所有学校每三年都必须接受一次第三方评估,组织"评估回头看"活动,发挥评估的引导、改进功能。启动"卓越学校创建"活动,助推优质学校再上新台阶,争取在各学段形成一批具有龙头带动作用的标杆学校、品牌学校。

队伍发展赋能。着力加强队伍建设,培养建设一支优秀干部队伍和高水平教师队伍,大力推动教师专业发展,始终致力于让教育工作者过上有尊严、有意义、有品质的教育生活。进一步探索科学的选人用人机制,让优秀的人才能够脱颖而出,能够有干事创业的平台。鼓励学校打破传统、单一的选人用人方式,采用竞聘上岗方式选拔任用中层干部,拓宽人才发现培养渠道,赋予学校更大的选人用人自主权,为优秀人才走到前台创造必要条件。建立干部能上能下机制,既要给优秀的干部提供合适的平台,也要及时撤换不胜任岗位、德不配位、影响事业发展的干部。办好"校长成长学校",精心规划校长学习研修活动,为校长成长提供可持续的充电赋能支持。进一步做好"书香海沧 教师领航"教师阅读工程,加强教师读书共同体建设,优化共同体读书活动,办好一年一度的"教育阅读节",加强与社区、家长的读书互动,带动更多教师走上自我阅读道路。优化升级"新教师培养三年行动计划",建立区、集团、学校三级联动的新教师培养体系,争取让每个新教师都能"立得住""站得稳",为其职业生涯发展奠定良好基础。不断探索高参与度、高效能的教师在职培养学习机制,通过各种工作坊、名师工作室、特色项目工作室、专项培训研修赋能教师专业成长,推动教师队伍专业化建设。更加重视校本研修制度建设,指导学校开展规范化、常态化的校本研修活动,开展校本研修专项评估,建设一批校本研修基地学校,对校本研修不合格学校实行挂牌督导整改,要让每一所学校的教师都能够享有可持续的专业成长支持。

课程改革赋能。全面推进基础教育课程改革,着力加强育人阵地体系建设,构建立体互通的"三个课堂",为学生全面发展提供全方位、全链条支持。全面落实"全员导师制",让每位学生都能被看见、被关注,为他们的成长赋能。大力推进课堂教学改革,常规课堂要不断探索"以学为中心"的教学方式,推进基于学习共同体的课堂教学改革,聚焦学生发展,致力于构建有智慧、有挑战、有活力、有温度、有意义的灵慧课堂,实现协同学习、真实学习、深度学习,让孩子有灵性地生长。第二课堂要通过课程化、多样化的社团活动,为学生发展个性和特长提供支持,为每个孩子创造适宜的发展空间,培养孩子的动手实践能力,发展孩子志趣,让孩子发现自己。第三课堂以沧江研学营地为纽带,串联区内外中小学生校外教育阵地,系统设计社会实践、研学等活动,构建家庭、社会、学校互融互通的大教育体系,致力于提升中小学生综合实践能力,培养树立服务国家和社群的意识,为他们未来生活作好必要准备。进一步落实"全员导师制",不断丰富和改进导师制工作方式,倡导学校领导带头成为导师,真正实现全员参与。以导师为纽带,使学校真正掌握孩子全链条的学习生活情况,让"三个课堂"真正融会贯通,共同发力,成为支持学生有效学习、快乐成长、全面发展的立体教育场域。中小学校要建立"全员导师"能力培训、跟踪指导、典型带动、评估表彰、交流分享机制,帮助教师切实提升"导心、导学、导行"的能力,让"全员导师制"成为一项落得了地、看得见成效的教育制度,有力支持每个孩子更好地成长。

技术升级赋能。着力加强教育信息化建设,推动建设数字化智慧校园,依托人工智能、大数据等现代信息技术赋能教育高质量发展。进一步加强教师信息素养建设,组织常态化的教师信息素养能力培训和基于工具、技术运用的专题培训,开展基于教育信息化的学科教研活动,不断提升教师教育信息化运用意识和运用能力。积极推进基于人工智能、大数据、学习工具的教学改革,用技术倒逼教学方式的革命性变化,让课堂真正成为学生学习的殿堂。探索基于人工智能、大数据的精准教研、精准备课、精准教学、精准命题、精准辅导、精准评价，推动教师发展，推进教学提质增效。坚持开好一年一度的信息技术推进会，举办"互联网＋教育"校长论坛，开展基于技术的教学研讨、教学技能比赛活动，推动学校领导、教师勇于拥抱未来，主动走进数字化教育时代，走在教育信息化的前沿。用好国家中小学智慧教育平台，提升中小学教师自觉应用国家平台的意识，利用国家中小学智慧教育平台的丰富资源助推教与学方式的变革。

服务提质赋能。着力提升教育机关、事业单位干部素养，增强机关工作人员推动区域教育工作的责任感和使命感，增强服务意识，提高服务基层能力。要加强学习型机关建设，以问题为导向，组织机关学习活动，开设机关教育问题发展论坛，开展青年干部读书会活动，形成比、学、赶、超的良好氛围，不断提升机关干部干事创业的能力和本领。加强机关干部挂钩学校制度建设，落实挂钩学校领导和干部定期联系走访制度，督促机关干部深入教学一线，及时了解基层需求，急基层之所急，积极主动协调解决基层实际困难和问题。加强督学队伍和教研员队伍专业化建设，提升专职督学和教研员的专业能力，提升服务学校发展的水平。加强机关干部队伍党纪政纪教育和作风建设，唤醒干部时不我待、只争朝夕的使命感，主动作为，勇于担当，勇毅前行，争当推动海沧教育大发展的排头兵，为全区教育系统树立良好的榜样。

| 优质发展 |

全面推进学前教育优质普惠发展。落实政府发展学前教育主体责任，进一步加大政府投入，加快公办幼儿园建设步伐，不断提高公办幼儿园占比和在园幼儿比例，学前教育优质发展水平走在全省前列。加大支持公办幼儿园创建省、市级示范园力度，提升市级以上示范性幼儿园比例，充分发挥优质公办幼儿园的辐射带动作用，整体提升学前教育办园水平。引导高端民办幼儿园转为普惠性幼儿园，进一步提高普及普惠率。指导小规模、老旧民办幼儿园改善办学条件，引导基础条件较差、改进空间小的民办幼儿园逐步退出，通过定级评估和加强办学行为督导，引导民办园进一步规范办学行为，优化办学环境，持续提升保教水平。加强师资队伍建设，把好民办幼儿园专职教师入口关，提高民办幼儿园教师学历达标率和持证上岗率。加大学前教师师资培育力度，完善区、片区、幼儿园三级教研体系建设，着力优师源、强师能，推进学前教育教师队伍专业发展。深入落实《教育部关于大力推进幼儿园与小学科学衔接的指导意见》，推进建立幼小衔接机制，提高入学准备和入学适应教育的有效性。倒排时序，创建"学前教育普及普惠区"，力争在2025年通过评估验收。

全面推进义务教育优质均衡发展。着力办好区内每一所义务教育阶段学校，进一步缩小校际间发展评估差距，区内每所学校都形成自己的办学特色，教育质量检测均达到三级以上标准，初中学业水平测试全部在全市前50%，每所学校都成为受老百姓认可的好学校。城区学校进一步优化办学空间，合理布局，切实解决好大规模、大班额问题，要好上加好，跻身全市一流学校行列，成为办学水平卓著的品牌学校。发展中学校加快提高办学水平，勇于赶超先进学校，走出自己的优质特色发展之路。进一步推进课程教学、教育评价改革，促进育人方式转变，全面落实"双减"政策，聚焦核心素养和培养目标，全面实施素质教育，促进学生健康、全面、可持续发展。不断推进义务教育高质量发展，力争2025年通过"义务教育优质均衡区"评估验收，跻身省市一流教育水平行列，让全区人民切实享受到教育发展带来的红利。

全面推进高中阶段教育优质多样发展。要立足海沧实际，聚焦普通高中教育内涵发展和质量提升，走特色化分类发展之路，力争为每个高中学生提供适合的高等教育入学机会。海沧实验中学要在课堂教学改革上下大功夫，依托人工智能、大数据、移动终端工具，不断优化和改进教学方式，争取先发优势，推动课堂教学变革取得实质性突破，大面积提高教学质量。海沧中学要在艺体教育现有成绩基础上再接再厉，总结经验，精心谋划，形成学校稳定的办学特色，为未来创建特色高中奠定良好基础。2023年秋季开办的两所高中，要提前思考学校发展战略，可以在艺术特色、综合高中方向上谋求创新发展，早日跻身厦门优质高中行列。要努力办好海沧职业中专学校，加大学校组织建设力度，优化学校班子，推行中层干部竞聘上岗，建立一支有凝聚力、有战斗力的管理干部队伍。要加大职业中专学校与高职院校、企业合作办学力度，大力推进产教融合，建立依托企业、基于海沧产业发展需求的产教融合学院，打造海沧职业教育特色和品牌，提高职业教育服务经济社会发展的能力。

东方风来满眼春，站在"十四五"的起点眺望未来，海沧教育人将并肩迎接那一轮跃升而上的朝阳。

向德国职业教育学习什么
——德国考察学习日记（选摘）

"我们来塑造欧洲"

2019年12月6日（周五）

遵从德国人的习惯，上午10点我们才从酒店出发赴莱法州州政府，车行大约20分钟到达目的地。

莱法州州政府办公大楼临近莱茵河，大楼建于1738年，当时是作为弹药库建设的，后来内部改造作为州政府的行政办公楼。大楼仅三层高，夹杂在居民楼房中，毫不起眼，不知情者从边上走过一定不会把它与政府办公大楼联系起来。大楼非常安静，门厅有三位安保人员值守，除了接待我们的办公厅和教育部官员，没有看到其他工作人员，也没有来访的民众。办公厅副主任代表州长在州政府会议室接见了我们一行，举行了一个简短的欢迎仪式和座谈会，然后为我们介绍了莱法州的州情以及教育基本情况：莱法州全境土地面积19000多平方公里，有400多万人口，境内物产丰富，工业发达，有很多世界级的大品牌，莱法州也是德国葡萄酒的主要产区，全德葡萄酒有70%产自该州。州首府所在地美茵茨有22万人口，地处莱茵河畔，有很多人文古迹，文化底蕴深厚，是一座典型的欧洲城市。

中午，州办公厅副主任代表州长接待我们用午餐，用餐地点就在州政府内部的餐厅。据说德国总理默克尔多次在这个餐厅接待当地名流，由此可见主人对中国客人的重视和热忱。餐厅在大楼一层，装潢成酒窖的样子，面积不大，最多可以容纳30人，我们20人进去就显得有点拥挤。午餐很简单，土豆浓汤、三明治、面包、雷司令干白。干白只是浅尝辄止。这样简单的午餐甚合我意。

午餐后，我们一行人马不停蹄赴美茵茨第一职业学校，考察莱法州职业教育。学习职业教育的先进经验，寻求可能的交流合作，是我们此次赴德的主要任务。美茵茨第一职业学校副校长卡斯藤·郎和数字化专业系主任吉特·威德穆特先生接待了我们，并为我们介绍了该校的基本情况以及学生培养模式，带领我们参观了学校的部分教学场所。美茵茨第一职业学校有3500多名在校学生，170多名教师。学生年龄从15岁到50多岁都有，既有全日制，也有非全日制学生。根据学生学业起点情况和企业需求，有多种在校学习模式，共有9种技术人才培养路径，45个不同专业方向，培养模式之丰富、学生年龄跨度之大都已经完全超出我们对职业学校的认知。根据不同的路径（学制），学生在该校毕业后可获得主科、实科中学和职业高中毕业证书及应用技术大学入学资格。德国职业教育与社会、产业、学生个人发展的结合近乎完美，有太多值得我们学习思考的地方。

美茵茨第一职业学校朴素的校园文化也给我们留下深刻印象，如手工与机械专业教学楼的走廊朴素的白墙上是手绘的机械图形和计算知识，文字和图形都足够大，基本以黑色为主，偶有线条用红色区分，黑白分明，非常吸引人的眼球，除此之外没有任何多余的装饰。长长的走廊似乎就是一条学习之路，将核心知识以图文并茂的方式展现在学生眼前，学习能力再弱的学生，天天从这里走过，想不记住这些知识恐怕都难。学校实训场所有点局促，设施设备的现代化水平似乎也远不如国内的很多职业学校，但其使用频率之高几乎一眼就可以看出来。

从美茵茨第一职业学校出来后,我们前往州政府教育部。教育部有一栋独立的大楼,感觉工作人员远比州政府多,教育部副部长接待了我们,并为我们作了美茵茨教育基本情况及面临挑战的报告。副部长先生告诉我们,在德国,每个州都有自己独立的教育政策,教育理念不尽相同,都有自己的教育口号,美茵茨教育部提出的教育口号是"我们来塑造欧洲"。谈及这个口号,副部长先生对英国的脱欧及由此带来欧洲可能面临的分裂危机表示了极大忧虑。依我的理解,这个口号饱含着教育政策主导者对欧洲大同的期望,毕竟这片大陆历史上多次深受战乱之害,甚至引发了两次世界大战。这种期望源于对历史的回望和对现实的忧虑,蕴含着浓厚的人文关怀精神,由此也可以窥见他们对教育所寄予的深切期待。

莱茵河畔的美丽城市

2019 年 12 月 7 日(周六)

住在美茵茨,不能不写写这个城市留给我的印象。

美茵茨是一个拥有悠久历史的文化古城,典型的欧洲古典建筑风格,哥特式建筑,小方石铺就的路面,在人群中从容慢步,呼啦啦一群鸽子突然从头顶飞过,街头卖艺的小伙子,街边喝着咖啡闲聊的大叔,教堂的钟声,徜徉其中,仿佛来到中世纪的欧洲。美茵茨大教堂是欧洲有名的大教堂,始建于 1100 多年前,虽历经战火,仍屹立不倒,其宏伟壮观亦让人震撼。

一座 20 多万人口的小城,却随处可见几百年的老房子。这些老房子仿佛能让人看到这座城市久远的过去,无声诉说着城市的历史。美茵茨市政府大楼建于 20 世纪中叶,因为建造大楼时欧洲整体经济状况都不太好,所以大楼无论是建筑质量还是功能设计都不是很理想。20 世纪 90 年代,市政当局计划拆了重建,但因为大楼存世时间已经达到"历史文化"的保护年限,大楼就像古董一样已经受到法律的保护,拆建审批非常困难,市政府只好不了了之,只能进行内部改造装修了事。才短短 30 年不到的房子就受到法律保护,可想而知,那些上百年、上千年的房子该有怎样的待遇，该会怎样珍而重之地给予保护。看到那些古老的建筑，我总是会想起母亲娘家的两座廊桥。孩提时，每逢寒暑假，母亲总要送我们兄妹到舅舅家陪外婆一段时间。舅舅家出来正好是两条溪流的汇合之处，两条溪上各有一座年代久远的廊桥，那是村里老少纳凉聊天的好去处，也留下我们兄妹很多童年的回忆。可惜，20世纪80年代后期，它们莫名其妙相继都被拆除了。

美茵茨市政大楼就在莱茵河畔，莱茵河是西欧第一大河，发源于瑞士，流经多个国家，其中有800多公里流经德国境内，号称德国的摇篮，有欧洲"母亲河"的意味。莱茵河是一条浪漫美丽的河流，许多文人墨客为之倾倒，为之流连忘返。美茵茨这段河道，岸边古老的欧式建筑林立，北风萧瑟，行道树的叶子基本都已落尽，偶有几株还留有稀疏的残叶，点点金黄，美丽得令人心颤。

┃ 双元制职业教育何以成功 ┃

2019年12月9日（周一）

莱法州教育部为我们的考察做了精心安排，中职学校、第三方职业培训机构、高等职业教育全部涉及，以便我们能够从不同角度了解德国职业教育。

上午，考察的对象是美茵茨一家第三方职业培训机构。德国的中等职业教育也属于义务教育范畴，一般由公立职业学校承担。所谓第三方职业培训机构，是受企业委托承担培训工作的民办教育机构。这些机构受国家认可，未完成义务教育的学生在这些机构学习的时间可以纳入十二年义务教育时间计算。

机构负责人热情接待了我们，给我们介绍了机构的办学情况，带领我们参观了学校教学场所和实训车间。这家机构成立于1928年，最初是由七家企业联合举办的，目的是为企业培养合格的技术工人。这七家企业有两家已经不存在了，其他五家企业仍是机构的资助人，继续支持机构的发展。机构属于非营利性质，每年培训学员480人左右，培训费用由学员所属企业承担，国家对机构给予免税政策,对机构购买先进教学设施给予大约三分之二的资金支持,但机构必须达到国家每年的评估标准,才能获得政府的支持。

这样的机构如何能够发展,负责人认为他们有四点优势:其一,培训学员必须与企业签订劳务合同后方可取得培训资格,学员毕业后直接在企业工作,为企业解决了稳定的劳动力来源问题。其二,职业培训框架系统由国家作了非常规范的规定,培训课程有法可依,保证了培训的质量。其三,学员培训结业后由国家行业协会组织资格认证,学员通过后获得的职业资格证书是全国统一的,具有权威性。其四,机构拥有先进的实训设备,有全职的培训教师,采用项目合作学习形式来组织教学,指向培养学员解决实际问题的能力,学员通常很受企业的欢迎。

这样的机构如何拥有稳定的生源?企业为何有积极性投资这样的员工培训机构?这与企业、员工自身的发展需求有关,也与国家层面的制度设计有关。这是一个更大的话题,限于时间和语言障碍,没法进行更深入的交流。

下午,我们来到宾根工业大学,了解学徒制、职业融入型职业教育的情况。宾根工业大学是一所应用技术型大学,培养技术人才和工程师,大学在校生2600多人,71名教授,60多名专职教师,100多名非教学工作人员。宾根工业大学大约于2008年开始尝试在机械工程专业举办职业融入型职业教育,接收在职工人上大学,完成大学学历教育,由大学与企业合作,接收企业推荐的员工,按照企业和员工的需求,定向培养,采用工读结合的方式,学员完成四年的大学教育,考试合格后可以获得大学文凭和相应学位证书,既为企业培养更高层次的技术型人才,也为有发展需求的员工提供晋升的机会。宾根工业大学这一尝试一开始并不被看好,专业咨询评估机构 AQAS 曾断定这个尝试不可能成功,但十年下来,宾根工业大学的职业融入型职业教育取得了很大的成功。虽然半工半读对这些学员来说意味着要牺牲四年的绝大部分双休时间,学习的压力颇大,但至今为止没有一个学员中途退出,足见其成功之处。

值得一提的是,作为一家技术型的大学,宾根工业大学将触角延伸到了中小学。他们实施了一项名为"青少年研究者"的科技项目,与中小学校合作,吸引中小学生参与项目的研究学习，并利用假期举办青少年科技创新和研究展示活动，力图让更多孩子从小喜欢科技，影响他们未来的职业选择。高等学校发挥自己的专业优势，主动服务、影响中小学生，富有远见，也是一种社会责任，值得国内高校借鉴。

德国的双元制职业教育，从中等职业教育到社会职业教育培训，再到高等职业教育，都能与产业紧密结合，真正做到产学融合，协同发展。双元制职业培训的专业方向是由企业依据产业发展需求来主导确定，这可能是双元制成功的一个重要原因，但双元制能够在德国获得巨大成功，推动德国经济的可持续、高水平发展，更深层次的原因可能还与德国的文化传统有关，和普通民众的择业观念有关，也与德国工业已经进入后工业化时代企业对质量和技术进步的追求有关。机制可以模仿，但文化和产业发展阶段却难以复制和一步到达。双元制要想在中国实现，可能还是要研究中国的土壤，要切合中国的实际，否则只能得其形而不能得其神。

马克思故乡的工商联合会

2019 年 12 月 10 日（周二）

今天我们赴莱法州特里尔市走访考察特里尔 BNT 学校和特里尔工商联合会。陪同我们的是莱法州公共事务管理局负责国际事务的莫乔先生。莫乔先生多次到过福建，是福建的老朋友，操着半生不熟的汉语和大家打招呼，亲切、幽默。有几位团友在国内就和他相识，亲切称他为"老莫"。

特里尔是马克思的出生地，马克思在这里度过了青少年时期的 17 年时光。特里尔还是厦门的友好城市，来到这里，无论是精神上，还是情感上，都让我们感觉到一份不一样的亲切。

老莫先带我们到特里尔 BNT 学校，这是一所文理中学和职业学校混合的公立学校，在校生 688 人，其中文理中学学生 205 人，职业技术学校学生 483 人，职业技术学校学生中有一部分是全日制在校生，学制 2 年；另有 292 人属于双元制的学生，周一到周四在企业工作和培训，周五和部分的晚上、周末在学校学习，学制4年。职业学校开设了自动化、土木工程、机械工程、电气工程、医疗科学五个专业，服务于周边企业。

午餐后，我们一行即赴特里尔工商联合会考察学习。工商联合会是德国职业教育双元制顺利实施的一个重要组织，类似于我们国家的行业协会，是由城市辖区内企业联合举办的民间自治组织，辖区内企业都是联合会的会员。联合会有自己的工作人员和办公场所，由企业缴纳的会费来保障运行。德国的双元制为什么能够得到企业的认可和支持，工商联合会的负责人告诉我们，其中一个重要原因是双元制的专业设置及其教学框架来自企业而非教育主管部门或学校。通常企业有某种技术人才需求时，就会通过工商联合会联系相关类型企业共同讨论开设培养这种技术人才的专业可行性及培养的教学框架，再由工商联合会提交德国联邦教育部。联邦教育部会组织专业人员根据联合会的方案，研究和制定专业方向和教学大纲。目前这样的专业共有326个，它们并不是固定的，而是根据企业的需求不断调整和增减。在双元制的实施过程中，政府教育主管部门根据联邦《职业训练法》授权工商会行使审查双元制培训公司资格、对培训过程进行指导和监督、管理学员名单、出考试题目、培养培训师和考官、组织结业测试和颁发职业证书、调解培训中出现的问题和纠纷等职能，工商会在双元制的实施中起着不可或缺的重要作用。

傍晚，我们来到马克思雕像前瞻仰凭吊这位共产主义的伟大先驱。这尊马克思雕像是2018年马克思200周年诞辰时由我国政府捐建的。虽然价值观不同，但特里尔市也以马克思为荣，在马克思雕像前的介绍中写道："卡尔·马克思是特里尔市最著名的儿子。……以非神话和非意识形态化的方式去评价马克思毕生的功绩，这是特里尔市的心愿。……时至今日，马克思的思想方法仍有助于我们以敏锐的视角看待当前的问题。"不论政见如何，尊重并珍惜诞生于这片土地上的思想巨人，这也是对自身历史和文明的尊重。

距离马克思居住地几十米就是著名的"黑城门"，这个城门建于公元180年，用7200块方形砂岩巨石砌成。历经1800多年，城门仍保持完好的形态，傲然挺立，气势恢宏。这是这座城市曾经无比辉煌的最好见证。这历经1800多年沧桑的宏伟建筑，想必也会在特里尔人的精神中留下骄傲的印记。

双元制职业教育再思考

2019年12月11日（周三）

特里尔大学有个汉学系，州教育部安排我们到特里尔大学的汉学系参访。特里尔大学在城市近郊，来到大学，汉学系主任苏费翔教授带领我们参观了教学和研究场所，给我们介绍了特里尔大学及汉学系情况。特里尔大学是莱法州州立大学，专业以社会科学为主，在校学生13000多名，其中有11.5%的外国留学生。汉学系有200多名学生，这也是德国唯一开设汉学研究专业的大学，目前在读学生虽然不多，但苏费翔教授很乐观，说学生每年都有增长，他相信随着中国在国际上的地位日益重要，这个专业也会越来越有吸引力。我们也衷心祝愿苏费翔教授的汉学系能够蒸蒸日上，有更多专业研究者看到中国。

特里尔大学考察结束后，我们来到莱法州公共事务管理局。州公共事务管理局并不在州首府美茵茨，这在国内是很罕见的事情。公共事务管理局是州政府最重要的部门之一，管理局办公大楼是建于17世纪的选帝候宫，选帝候宫有三栋楼，和鼎鼎有名的君士坦丁大殿围成一个长方形的院子。君士坦丁大殿是古罗马时期保留下来的最大单体建筑，长67米，宽27米，高30米，堪称"庞然大物"，即使以今天的眼光来看，建筑之精美壮观，也令人惊叹。

下午2点，在管理局的会议室，老莫给我们作了"双元制职业教育体系"的讲座。在老莫看来，德国双元制职业教育之所以取得很大成功，有两个重要因素需要注意到：一是德国职业教育的多种路径与普通教育之间的穿透力特别强，可以根据学生的学力情况互转；二是无论学生选择哪种教育路径都有多种机会、多种可能，起点不同、选择方向不同的学生，最后可能殊途同归，都从综合性大学毕业。

几天下来，集中考察学习了德国的双元制职业教育，我个人觉得，其成功原因有很多，其中工商联合会发挥的重要作用不容忽视，但国内恰恰缺少了这样一个能够融通各方需求的企业自治组织，因此，国内的二元制实践探索，往往都是画虎类猫。事实证明，靠政府大包大揽或把责任压给职业院校，最终只能是吃力不讨好，落得几方都不满意。如何发挥企业在双元制职业培训中的重要主体作用，是一个值得认真研究探索的问题。

"教育之城"施派尔市

2019年12月12日（周四）

告别文化遗迹众多的特里尔市，我们乘车前往位于德国西南部的施派尔市。施派尔也是莱法州下辖的城市，面积仅42.6平方公里，5万多人口，这在中国也就是一个小城镇的规模。然而，千万不要小看这座堪称迷你的城市，它在欧洲的名气一点也不比特里尔小，同样是一座有2000多年历史的文化名城。

驱车三个多小时到达施派尔，大巴车不能开进城里，只能停在城市边缘的停车场，然后步行前往市中心。从车上下来，一眼就看到不远处高耸的哥特式建筑尖顶，翻译告诉我们，那是施派尔大教堂。这个大教堂大有来历，它是欧洲现存面积最大的罗马式大教堂，建于11世纪，迄今已有1000多年历史。

从停车场步行大概十分钟，我们来到施派尔市政府，这里也是城市的中心广场和主要商业街区。市长办公室主任在市政府大楼前迎接我们，因为临近圣诞节，市政府的会议室都被用于搞各种活动，副市长莫妮卡·卡布斯女士在市政厅欢迎代表团一行，发表了热情洋溢的讲话，为我们介绍了施派尔的市情和教育情况。莫妮卡·卡布斯女士当过中学校长，对教育了如指掌，她很自豪地告诉我们，虽然施派尔是一座小城市，仅有一万多名学生，但教育非常发达，形成从幼儿园到大学的完整教育链条，著名的德国国家行政管理大学即坐落于此，附近还有海德堡大学和曼海姆大学。这意味着施派尔的孩子若愿意，可以在小城从学前一直读到大学毕业，"教育之城"名副其实。凭借着悠久的城市历史和深厚的文化底蕴，这个才5万多人口的城市每年接待的游客却达到200

多万人，足见其魅力。

晚餐后，步行回酒店，走在热闹的圣诞市场，抬头看到一轮明月，查看下手机日历，才知道今天是中国的农历十七。欧洲冬天的天气以阴雨天为主，我们来了这么多天难得看到太阳公公和月亮婆婆的脸，能够看到这样一轮月亮，估摸着还是需要一点运气的吧，也算是一份惊喜。

约翰·约阿西姆·贝歇尔学校

2019年12月13日（周五）

上午，受莱法州教育部委托，从教育部退休的公务员老霍到酒店带我们去施派尔职业学校。老霍虽然退休，但被教育部返聘为顾问，恰好他家就在施派尔附近，就成了教育部在施派尔最佳的公务接待人员。老霍已经70多岁了，他是福建和莱法州友好省州最初的项目负责人，对接这个项目十多年了，对这个项目有很深的感情，多次往来德中，多次接待福建来的客人，我们团中和老霍相识的团友就有好几个，熟人相见自然分外亲切。

施派尔职业学校的官方名称是约翰·约阿西姆·贝歇尔学校。约翰·约阿西姆·贝歇尔是16世纪德国著名的科学家，诞生于施派尔，是一个百科全书式的天才，既是自然科学家也是经济学家，学校取这个名称即是为了纪念这个卓越的科学家，也与学校办学的方向相吻合，它是一所以经贸和技术为重点专业的职业学校。施派尔职业学校也是一所普通职业教育与双元制职业教育混合的学校，学校现有学生1583名，其中约40%是全日制的学生，其他为双元制学生，主要服务于施派尔地区的工商企业。在施派尔职业学校，我们再次感受到德国职业教育顶层设计的系统和精细，既考虑到每个人当下的发展路径，也充分考虑到人的可变性和发展性，预设了人在成长中的种种可能，让每个人都有多次选择的机会，都有向上游流动的可能。这也是德国职业教育能够取得巨大成功的重要保障。

工业 4.0 对职业教育的影响

2019 年 12 月 16 日（周一）

今天是赴德学习的最后一天，早上 7:30 天还没亮，我们即乘大巴车到费斯托（FESTO）公司参观，车程来回要 4 个多小时。

费斯托是一家全球化企业，也是一家独立的家族公司，是全世界领先的自动化技术供应商，也是工业配合教育项目的领先者。费斯托教学培训部的高级顾问海尔曼·纳格尔先生带领我们参观了自动化生产车间，偌大的车间里只有不到几个工人，车间宽敞、明亮、整洁，透过封闭的钢化玻璃可以看到生产流水线上各种机械手臂和自动化车床的完美配合，让我们对工业 4.0 有了切身的体会。

吃完午饭，稍事休息，在费斯托的员工培训教室，老霍先给我们作了"工业 4.0 对职业教育的影响"的讲座，重点讲述了工业 4.0 背景下企业对员工的能力要求，以及职业教育应当如何落实这些要求和对教师的要求。工业 4.0 是基于信息物理融合系统进行的第四次工业革命，包括物理元素、IT 元素和数据连接。德国职业教育 4.0 是职业教育面对工业 4.0 新形势进行的培养模式的改变，强调在数字工作环境中的经验导向拓展职业品质，核心内容是职业教育的数字化建设与发展。工业 4.0 对企业员工提出了新的素质要求：（1）专业能力，与实践经验融通的专业知识、背景知识；（2）数据和项目运作能力，如 IT 能力、数据和流程操作能力；（3）社会能力，沟通协调和组织能力、跨文化知识、外语水平、网络渠道合作；（4）辅助能力，开放的学习态度、创新意识、责任意识、解决问题导向思维、自律、诚信等。面对工业 4.0，职业教育教学大纲要不断更新调整，课程内容和教学模块也需要不断变化，对师资也提出了新的要求：首先要注重行为导向和过程导向，包括信息收集—规划—决策—实施—管理控制—评估等完全行为流程；其次要以能力和实践为导向，包括从实践中梳理学习资料，应用数字化学习工具，胜任过程陪同者、学习教练角色等。

随后，海尔曼·纳格尔先生以费斯托为例给我们作了"现代生产之学习工厂"的讲座。工业4.0将虚拟的信息—通信技术融合进现实世界的生产之中，传统的工业生产经数码世界的程序得到完善和优化。针对工业4.0，费斯托集团专门研发了完整的工业4.0学习工厂，包括装配线、物流、生产、加工、精益生产、质量保证等培训领域。使用模块教学，提供面向不同生产层级、从单一职位到完整学习工厂的教学服务，根据不同学习内容，紧密结合实际向学员传授有关工业4.0的各种应用情景。在福建与莱法州结成友好省州30周年之际，福建泉州信息工程学院与德国费斯托教育集团共同签署了《关于加强职能制造专业建设合作协议》，费斯托教育集团将帮助泉州信息工程学院建设工业4.0学习工厂，促进德中（福建）教育合作发展中心建设，为福建职业教育师资、企业培训师及员工、学校学生等提供专业的培训。

| 团友们的思考 |

2019年12月17日（周二）

德国之行已近尾声，傍晚我们就将乘国际航空公司CA932航班回国。在德国的实际考察学习时间达到12天，收获很多，思考很多，启发很多，除了前面日记中所述，利用等待航班起飞的时间，简要补记几点团友们对德国双元制职业教育的思考，作为德国考察学习的回顾。

思考一：对职业教育既要高度重视，又要准确定位。

职业教育不同于大学精英教育，它是大众化、普及化的劳动者教育，即使在德国的文化观念中，也同样有被歧视而面临生源质量、教育方式堪忧等问题。政府有保障的义务、兜底的责任，要不断宣传职业教育的重要性，改变普罗大众对职业教育的认识。

职业院校与教师要针对职业教育的特点，因材施教，灵活办学，不断提高职业教育的适应性，着力培养适应时代需求的高素质职业技术型人才。

思考二：职业教育应构建科学合理的教育生态体系。

我国职业教育与普通教育之间壁垒森严，基本没有交叉，职业教育本身的培养路径比较单一，忽视了人在成长过程中的各种可能性，给人低端的刻板印象，影响了职业教育的高水平发展。职业教育与普通教育、不同类教育之间相互渗透、交叉互通，为人的发展提供更多的机会和各种畅通的渠道，这是我国职业教育在顶层设计上应该认真研究思考的问题。

思考三：职业教育应该构建严谨的质量标准体系。

建立全国统一的职业技术型人才质量标准，并经过具有公信力的考试获取资格证书，这是德国职业教育成功的一个重要原因。因为有严格的质量标准体系，职业教育的毕业生才能够在德国乃至世界各国行业中获得广泛的认可。如何构建这样的质量体系是今后职业教育应该着重解决的问题。

思考四：职业教育的发展有赖于社会充分发展，各方积极参与。

德国职业教育的成功不是职业教育本身能够做到的，政府、企业、行业协会的协同合作，乃至社会大众对职业教育的普遍认可都是重要原因。如何提升公众对职业教育的认可度，如何培育有影响力和公信力的行业协会，如何提升企业积极参与职业技术人才培养的态度和能力，这些都需政府有意识、有计划地引导。

| 德国友人印象 |

德国之行已结束，日记也该结束了，但德国之行深深获益于几位德国友人的精心安排和全程陪伴，不能不记上一笔。

在德国的十多天时间里，摩根、老莫、老霍三位先生分别在美茵茨、特里尔、施派尔全程陪伴我们。三位先生都是60岁以上的人，都是政府官员或曾是政府官员，也都是各自领域的专家。比如，老霍就曾经作为中德合作德国政府派驻天津职业技术大学的高级专家，在天津职业大学工作了六年时间。三个老人性格各异，摩根先生待人客气，但特别严谨认真，近乎呆板，我们每天出行，基本都是他到酒店接我们，每次见面他都要和大家一一握手问候，有一回他没到酒店而是在路上等我们，上车后他从第一排的团友开始握手问候，一直握到最后面一位才返前排就座，搞得大家都笑，做事之严谨可见一斑。老莫则是完全不同的性格，开朗、幽默，经常和大家逗趣，开开玩笑，是一个快乐的老头儿。在州公共事务管理局给我们作讲座时，他给每个人准备了个小笔记本，还准备了点心茶水，而前一天直至讲座开始他都全程陪同我们参观学习，哪来的时间准备这些东西呢？真的让人惊叹！老莫虽然很有亲和力，但说话也很直接。当有团友问他"双元制在中国怎么可以实现"时，他毫不客气地说："我只能告诉你们德国是怎么做的，至于中国怎么实现，那应该是你们要去回答的问题，不应该来问我。"沉默了一会，他又非常认真地说："中国的职业学校要落实双元制，最重要的是你们这些人要亲自去做，不能推给下属和老师。"说话不绕弯子是这三位先生的共同特点。遇到我们团友的行为有不妥时，他们都会直接指出，毫不含糊。老霍年级最大，已经退休了，他是老莫的前任领导，默默陪伴我们，不多话，只是微微笑着。若不是最后一天老霍给我们作了一个非常精彩的讲座，我都要怀疑老先生是不是有交流障碍呢？在施派尔期间，老先生的夫人莫妮卡女士也全程陪同我们，每次到饭店吃饭，都是老夫人忙前忙后在张罗，看得出来，老夫人是个贤内助。三位德国友人性情不同，但一样的是他们的热情和真诚，是他们做事无比认真的态度——全程陪伴，联系车辆、学校、企业，安排食宿，甚至还兼任导游，以及亲自作讲座等，亲力亲为，细致入微。我们的团友，多数都不懂德文、英文，初到异国他乡，麻烦事特别多，但他们从没有过一点不高兴，没有过任何不耐烦。无论做人还是做事，三个德国老先生身上都有太多值得我们学习的地方。

双元制的成功与德国人这种既认真、严谨而又包容、开放的做人做事方式是否也有千丝万缕的关系？

12月15日，我们参观学习结束后，老莫带我们到附近的一家中餐厅就餐。来到餐厅，没想到莫妮卡女士已经在餐厅张罗等候，要知道从她家开车到这地方需要一个多小时！莫妮卡在每个人的位置上放了一袋精心准备的礼物：

一个圣诞老人形状的巧克力、一个橘子、几块饼干和糖果。莫妮卡曾陪伴老霍在天津职业技术大学待过六年，一定知道橘子在中国有吉祥的寓意，这份礼物中西合璧，非常用心。更让人感动的是，每个礼袋上都系着一张莫妮卡亲手写着祝词的贺卡。在异国他乡，在这个中午，这样一份来自友邦老妇人的礼物让人无比温暖，这其中蕴藏着莫妮卡夫妇对中国、对福建的深厚感情，让人感动莫名，此景此情相信一定会长久地留在我们团友心间。

下卷

言之道：让教育真正发生

在故事的讲述中看见成长
——在海沧幼儿园第九届"我的教育故事"上的讲话

海沧幼儿园教师"我的教育故事"讲到第九届了,"故事"讲了九年,并将坚持讲下去,这是因为,组织者相信,故事里有方法,故事里有智慧,故事里有信念,故事里有深情,故事让彼此照见,故事让你我他相互联结,故事推动、唤醒成长。

今天的故事分享,老师们讲述了很多自己的故事、同伴的故事、孩子的故事。故事让我们更加深切地感受到:教育不只是略显宏大的"传道受业解惑",教育更是生命对生命的成全,是花园中一个一个花苞在园丁的精心照料下渐次怒放的声音;教育也不只是在经典的教育理论著作中,在师范院校的经院教材里,更是蕴藏在教师多姿多彩的教育实践中,在他们对童年的呵护、激励、唤醒里。

此情此景,让我想到两个故事,一个已成经典,一个昨日刚在微信朋友圈中看到。

经典的故事是海伦·凯勒的故事。海伦·凯勒是美国著名的女作家、教育家、慈善家。海伦·凯勒出生后不久就表现出特别优异的天赋,不幸的是,19个月大的时候,她生了一场大病,这场病夺走了她的听力、视力。生活在一个无光、无声的世界里，加上父母的过度保护和无限宠溺，海伦变成了一个性格暴躁、攻击性很强、极端任性、行为粗野的小女孩。幸运的是，1887年3月3日，安妮·莎莉文老师来到海伦·凯勒家。这一天，对海伦来说是改变命运的日子。在莎莉文的教导下，海伦回到了正常儿童的成长轨道上。她在老师的引导下，学会用触摸来感知这个世界，来学习与人交流，学习各种单词及其意义。莎莉文老师还找来了萨勒老师，萨勒老师教导海伦通过双手去感受别人说话时嘴型的变化，并知道其含义，逐渐学会发声。海伦回忆童年那段经历时写道："莎莉文小姐非凡的才能、敏锐的感觉和博大的爱心使我童年时那段受教育的经历成为难以忘怀的美好回忆。她善于抓住一切机会，用最好的方法传授知识，使我的学习充满了乐趣，接受起来那么容易。""那些让孩子们厌烦的事，如语法、算术题，以及较为精确地解释问题，我做起来都充满了乐趣，并在多年以后成了我最美好的回忆。"

安妮·莎莉文以大爱、极大的耐心和毅力、恰当的教育方法和智慧，将一个残疾且性格已经开始走向极端的小女孩培养成一个非凡伟大的女性。

海伦和莎莉文的故事，让我们知道，人具有无限的可能，教育也具有无限的可能，相信孩子可以，相信爱可以，相信对的教育方式可以，这是一个好教师、一个伟大教师的故事。

微信朋友圈中看到的是一个悲剧故事。这是一段视频，视频中一个小男孩和奶奶发生了争执，老人随手拿起身边的细棍子，想要抽打小男孩，男孩双手去夺老人手中的木棍，未成功后，男孩重重打了老人胸部一拳。老人被激怒了，弯下身捡起地上的一只拖鞋，应该是想用拖鞋抽打孩子。男孩趁老人弯腰之际，双手勒住老人的脖颈，老人被男孩的动作带到地上……男孩的母亲来到现场，夺过男孩手中的木棍，抽打起孩子。女人一边殴打，一边喊叫着"你奶死了""你奶死了"。母亲越打越凶，男孩哭泣不止，可老人依旧一动不动躺在地上。男孩这才意识到事情不对，哀嚎起来："别打了。""我错了，奶快点起来。"据网友说，奶奶真的被孙子活活勒死了。

视频从头到尾，都让人压抑，无比难过，用棍棒教训孙子的奶奶、死命勒奶奶脖子的小男孩、愤怒抽打孩子的母亲，两分多钟的视频，充斥其中的都是暴力。"养不教，父之过。"然而，这个孩子没有接受教育吗？应该有的，但可以看出，这个家庭的教育方式似乎只有"棍棒"，母亲来到现场后，甚至没有想到要救奶奶，而是本能地直接开始棒打男孩，错误的教育甚至比不教育还可怕！

两个故事的结果截然不同，但其中都蕴含着深刻的教育原则，教育离不开生活，生活亦不能缺少了教育，何谓真正的教育，值得深入思考。

今年"我的教育故事"的主题是"看见儿童，相信自己"，这个主题非常好！好教育的起点都在"看见儿童"，看见具体的、活生生的儿童，看见各不相同的儿童，看见儿童的困境，看见儿童的喜乐，看见儿童的恐惧，看见儿童的需要，看见儿童的局限，看见儿童的可能，唯有真实地、透彻地看见，才能有真正的儿童视角、儿童立场、儿童观点，好教育也才能真正发生。

好教育离不开"相信"，相信教育的力量，相信教育可以让人改变，相信教育能够让这个世界因此更好。这一切的"相信"始于对"自己的相信"，这个"自己"既是受教育者，也是教育者，相信每个受教育者都有通过教育发现自己、成就自己的愿望和能力，教育者相信自己正在做着平凡但又绝对崇高的事业，相信自己有能力让人更好、让世界更好。"相信自己"更是一年又一年讲述故事水到渠成的结果，没有九年的坚持，何敢轻言"相信"！因为这份坚持，因为故事仍在诉说，学习思考就永远不会停止，同伴互助激励就永远都在，我们的成长也就永远不会止步。

因为成长，我们才可以拥有专业自信，拥有更美好的教育生活。

校长的资质
——在教师进修学校附属学校校长成长论坛上的讲话

洪校长、戴校长、蒋校长的分享让我一直都在感动之中，借此机会向三位校长表达崇高的敬意！三位校长的分享让我们再次感受到一位好校长对学校的发展具有无可替代的作用。

新垵小学是一所接收外来务工人员子弟的民办学校，办学条件、师资水平与公办学校不可同日而语，但其学业质量却超过了区内大多数公办学校，学校在教师技能比赛、学生艺体比赛等方面也有不俗的表现，教师、学生对学校都有很强的归属感。教师进修学校附属学校办学仅五周年，尚处于稚龄期，但已呈现头角峥嵘之势，我们似乎能够看到学校正走在成为名校的快速干道上。蒋君芳校长在厦门一中北京实验学校的实践，更是让我们看到一个校长化腐朽为神奇的非凡功力。

稻盛和夫先生的著作《领导者的资质》阐述了具有怎样资质的人才能胜任领导，才能带领一个企业走向成功。一位优秀的校长应该有怎样的资质？从三位校长的身上我们或许能够找到这个奥秘。下面我用五个关键词来和大家作个分享。

信念。优秀的校长都秉持着这样一种信念：每个孩子都有向上生长的无限可能，这个可能正是来自教育，而学校存在的理由和价值也正在于此。换句话说，优秀的校长一定会有任何一所学校都能成为好学校的坚定信念。新垵小学不因自己办学条件先天不足而自弃，不因生源是家庭教育环境、经济基础、父母受教育水平都相对较差的外来务工人员子女而自我设限。创办者为办好学校倾注了大量的心血，尊重并善待教师，重视教师专业成长，关心孩子的生活与学习，在有限的空间里为孩子的发展提供了必要的课程支持，创办者洪亚喜校长平静叙述后面隐藏的那份热爱、执着、坚定让人动容。蒋君芳校长远赴北京接手以"厦门一中北京实验学校"命名的一所薄弱学校，仅用一年的时间实现了学校面貌的大改变，教师工作主动了，师生对学校有信心了，社会认同度高了，高考本一上线率从原来12%的目标数都无法完成提升到了58%，本科上线率从目标数50%提升到98%，可以说创造了一个奇迹。有了办好学校的信念，校长就不会被"想不到"的现实和各种困难吓倒，就不会放弃心中关于教育的诗和远方。每个人心中都有改变自己所处环境的愿望，有信念的校长能够点燃这个愿望，让师生成为自己的追随者。

责任。优秀校长有强烈的责任感和使命担当，明白自己对办好学校负有无可推卸的责任，清醒地认识到自己是学校发展的重要因素之一。校长的责任感，表现为一种对教育、对学校的敬畏，"建国君民，教学为先"，自古以来教育就被视为国家民族兴旺发达的基石。有人说，每建设一所学校，就意味着可以少建一所监狱。可见，无论是对个人，还是对国家而言，学校都是文明教化、道统传续的重要基础，优秀的校长都具有这种责任自觉，对执掌一所学校心怀戒惧，举轻若重，战战兢兢，如履薄冰。校长的责任，表现为全力以赴的态度和行动，优秀的校长，不敢有任何的轻忽、轻慢、懈怠之心，对学校的一切了如指掌，深深扎根在学校的土壤中，和学校同发展、共命运。校长的责任，表现为不找任何借口，优秀校长把办好学校视为自己的天职，对学校的现状永不满足。他们不会为学校的平庸找任何理由，由此也就有了一个个学校发展的"奇迹"，譬如黄马福校长之于育才小学，詹功祚校长之于厦门五中，蒋君芳校长之于厦门一中北京实验学校，都是如此。

自省。优秀的校长都有一种自省的精神和自觉,他们会不时回看学校发展走过的路程,及时发现学校发展中的问题和瓶颈;他们会对自身施于学校的影响保持某种警觉,避免自己成为学校发展的天花板甚至阻碍。优秀校长应该具有教育的敏感性,如此自省才能透过现象看到本质,真正洞察学校发展的问题。一所学校原本是区内的优质学校,但这些年渐有消沉之势,校长并未意识到学校发展已经出现问题,而是认为在区域教育的整体快速发展中,该校已经不具备原有的优势,因而不再如原来那般耀眼实属正常。事实果真如此吗?在某次教学视导中,我们了解到这所学校原来学生合唱比赛成绩一直很好,但这些年却在走下坡路。某次比赛后,学校音乐教师给组织者打电话对评分表示质疑,组织者将比赛的录音发给该教师让她们自己听听有没有问题,音乐教师听了录音后表示听不出有什么问题,组织者很无奈地点拨她们:孩子们在唱到第二节时就开始走调了。组织者此时也想了解学校对合唱比赛的态度,问老师,你们校长对学校合唱比赛成绩不佳有什么表示吗?老师说,校长好像不太有所谓。我以为,这就是校长缺乏教育敏感性,一个具有教育敏感性的校长不会对学校中的任何变化无动于衷,因为任何变化后面都可能隐藏着危机或者机会。事实上,这所学校合唱比赛名次不断下滑背后的原因正是学校教师专业发展出现了问题,而这个问题是系统性的,它已经影响到学校的根基。优秀的校长具有很强的危机意识,深恐自己成为学校发展的阻碍,他们能够在自省中看到不足乃至某种缺陷,并有意识地通过学习加以提升和改变,让自己始终走在前面引领学校发展。

开放。优秀的校长应该具有很强的开放性和包容性,他们不会故步自封,更不会坐井观天。开放意味着校长乐于接纳批评和意见,意识到批评才是促进改变的阶梯,从而乐于开门办学,推行民主治校,重视和聆听来自家长、教师、学生以及专业机构的声音,形成良好的发展纠错纠偏机制。开放意味着校长具有很强的资源意识,能够主动引进相关专业力量和资源,使之助力学校发展;能够珍惜所有第三方看学校的机会,通过第三只眼睛帮助自己打破认知局限,让自己看到更高远的世界。开放还意味着学校主动将自己融入国家、地区的教育发展大势中，既看到周围学校的变化，也看到更辽阔的世界中不同学校的崛起，能够在不同时期为自己寻找发展的标杆，从而带领学校不断取得新的突破。

专业。校长领导一所学校的专业能力不可或缺，认识教育的本质，认识儿童，认识学科教学的通识通法，懂得如何领导一所学校等，都体现着校长的专业性。专业功底深厚的校长，才能抓住学校发展中的关键事件，洞察现象后的本质，带领学校始终走在发展的路上。大道至简，校长的专业性并不高深莫测，相反它往往表现得非常朴素、朴实，化繁为简，所行之道既蕴含深刻的教育认知，又简单易行，便于实施操作。如戴曙光校长在海沧教师进修学校附属学校实施的"十个一"工程，家庭教育从1.0版到6.0版的不断升级，体现了专业性；蒋君芳校长在厦门一中北京实验学校推行的二十七字教学策略、三三教学基本范式，也体现了专业性。这种专业能力，是他们能够办好学校的重要条件。校长的专业性，是在实践中不断形成和提升的，保持良好的反思习惯，以开放的心态成为终身的学习者，这是校长专业性的基础。

做一个真正能"带头"的学科带头人
——在学科带头人结业仪式上的讲话

前不久,某作家撰文批评一位特级教师写的高考下水文,他还对中小学语文老师展开猛烈攻击,认为90%的中小学语文老师都不合格,应该回炉再培养。我不认同该作家如此粗暴武断的判断,也反感他以语文教育家自命、居高临下棒打一片的傲慢。但作为一名基层教育工作者,曾经的老师,面对这样极端且呼应者不少的舆论批评,我也不能不思考,中小学教师的职业发展到底是一种怎样的现状?无法胜任教学的教师大概有多少比重?如何改善这样的现状?

著名学者刘再复先生认为,教育的目标有四个维度:第一、第二个维度是知识和技能;第三个维度是灵魂,这一维度关系到心灵的状态、心灵的方向、心灵的力量;第四个维度是审美,也就是用什么样的眼光来看待世界。只有具备四个维度的目标,教育培养出来的人才是立体、丰满的,第三、第四维度更是决定了人的生命质量。

刘再复先生关于教育目标四个维度的论述,依我看来,同样适用于教师,第一个维度是学科专业知识,第二个维度是教育教学专业,也就是教师的教育教学能力和教学技巧,这两个维度决定了教师的教学水平,关乎学生的学业质量。第三个维度是灵魂，第四个维度是审美，这两个维度涉及教师的职业精神、价值观、生命状态和品质，关乎教师如何培养和影响人心灵的问题。

回到某作家的批评，我们每个人都可以从这四个维度对自己进行审察，对自己是不是合格乃至优秀的教师进行回应。

先说说"专业知识"这个维度。我们的老师基本都经过相应专业的本科甚或研究生阶段的学习，都是合格的毕业生。如果"专业知识"仅仅是教授课本中那些知识的话，我相信老师们的"专业知识"绝对绰绰有余。但是，如果把专业知识提升到更大的视野来看，比如对一个数学老师来说，"数学是思维的体操"这是共识，那么如何在教知识技能的同时，有意识地让学生真正经历科学的思维训练？如何让学生通过数学的学习，大脑真的变得更加聪明？如何从教数学知识走向教原理、教智慧？再如，法国数学家傅里叶说"数学的目的是帮助人们去解释自然"，而雅谷比则说"数学的目的是为人类的理性增光"，这已是从哲学、美学的角度来看待数学，我们的数学课堂能够达成这样的"数学目的"吗？这样的问题当然还可以一连串地追问下去。如果这样来理解"专业"的话，那么我们所具备的"专业知识"真的足够用吗？

再说说"教育教学能力和教学技巧"。联合国教科文组织1972年的那份报告《学会生存——教育世界的今天和明天》中有这样一段话："教育学过去一度是一种艺术——教学艺术，现在已经成了一门科学，这门科学是建立在牢固的基础上的，而且是和心理学、人类学、控制论、语言学以及许多其他科学联系在一起的。然而，教师对于教育学的应用，在很多情况之下，仍然把它当作一种艺术，而不把它当作一门科学。"教学是科学，然而我们对这门科学有多深的认识呢？有位著名的特级教师退休后写了一篇文章，说自己从教以来上了600多节公开课，但回忆起来，真正满意者寥寥无几，深以为憾。公开课基本都是千锤百炼的，满意者都寥寥无几，那么常态课呢，有多少能够使自己满意？这是一个有情怀、有高度责任感、很善于反思的老师对自己课的回顾和评价。对很多老师来说，课上过也就上过了，云淡风轻，没什么遗憾不遗憾的。但是，如果我们仔细去想想，为什么一个教学技艺精湛的特级教师对自己的课还有那么多不满,事实上与我们对这门科学的认识太肤浅有莫大的关系。怎么组织和管理课堂,怎么实施教学,怎么让学习真正发生,我们基本还是停留在经验层面,从某种意义上说,这是危险的,它也正是教学低效的重要原因。教育教学专业维度,是教师普遍有欠缺甚至严重缺失的维度。

第三、第四个维度似乎比较抽象,但它们的重要性一点都不亚于第一、第二个维度,如果从教育更重要的是让"人成其为人"的角度说,这两个维度甚至比第一、第二个维度更重要。现代管理学之父德鲁克回忆起小学教手工的苏姗老师时说:"苏姗小姐没能让我工于工艺,正如最伟大的音乐家无法使不辨五音者成为乐师。但是因为她的教导,我一生都懂得欣赏工艺,看到干净利落的作品不禁为之欣喜,并尊重这样的技艺。"这正是苏姗老师的灵魂和审美给予德鲁克的珍贵礼物。帕尔默在《教学勇气》中提醒我们说:"真正的教学不能降低到技术层面,真正好的教学来自于教师的自身认同与自身完整。"我以为这个"自身认同与自身完整"正是灵魂和审美的维度,一个缺乏第三、第四个维度,或第三、第四个维度发展不充分的教师,其生命状态本身就是不完整的,不可能也没有能力在教育工作中落实四个维度的育人目标,培养身心健康、人格健全、生命质地立体丰富的人。

如果我们能够这样省察自我,也许就能够更加心平气和地面对某作家的批评,因为教师的专业成长的确是一件一生都不能完全完成的事情。事实上,诚如亚里士多德所说:"人永远都不能完成。"生而为人,只要我们对自己有更高的要求,这样的发展都应该是持续一生的事情。

今天,在座的老师们获得了"区学科带头人"这样一个称号,学科带头人的要义在"带头人"上,也就是说,在座的老师们不仅仅自己应该发展好,更应该带领他人发展好。要做好"带头人",有很多需要去提升、去发展的地方,但我想有两个方面尤其重要。

一是真正爱上自己的学科。福州一中的特级教师陈日亮老师在其著作《救忘录》中说:"语文教师多有自称爱岗敬业者,所爱者敬者唯岗唯业,而鲜有自说爱语文者。唯有热爱语文,才会热爱语文教育事业,真爱语文,则鲜有不以其爱惜之心去教育学生，感染学生。使学生同自己一样爱语文，是教好这一门课的关键。"我想说，只有真正爱自己的学科，也才能影响其他老师同自己一样爱这门学科。这是当好"带头人"的关键。

二是成为真正觉醒的人。所谓觉醒的人，在我看来，就是有清醒自我认识的人，有自觉使命感的人，有自觉学习力和主动发展的人，有自觉行动力的人。我是谁，我要去哪里？既为教师，我的使命是什么？我要如何提升自己、发展自己、实现自己？我应当有怎样的行动？这些都是关乎自身职业幸福的事情，想清楚了，踏踏实实去做，才能成为名副其实的"带头人"。

"水之积也不厚，则其负大舟也无力。"只有把自己发展好，才能去影响和发展他人，这应该是学科带头人的使命和责任，我对此充满期待。

阅读是支持成长最可靠的力量
——在东孚学区第一届阅读节上的讲话

阅读是关系到孩子未来可持续发展的奠基性工程，这是东孚学区化办学联盟各校的一个共识。举办"亲近母语，悦读伴我成长"第一届阅读节，真正关注并推动儿童阅读，是一种教育觉醒。我期待阅读这棵树，能够在东孚各校根深叶茂，郁郁葱葱。

作家格非在他的著作《博尔赫斯的面孔》中讲述了这样一个故事：

从前在开罗有个人，有天在自家庭院的无花果树下睡觉并做了一个梦，他梦见有一个浑身被雨水打湿的人，嘴里咬着一块金币来到他的面前，告诉他，他有一笔巨大的财富在波斯的伊斯法罕，到了那地方，他就可以得到这笔财富。第二天一早，开罗人就出发去寻找他的财富了。

开罗人一路跋涉，历经艰辛，终于到达了伊斯法罕。因为抵达时天已经黑了，开罗人就在一座清真寺里寄宿。不幸的是，那天晚上，有一伙盗匪闯进了清真寺，等官兵闻讯赶到，盗匪已经逃窜，陌生的开罗人被官兵作为嫌疑人羁押起来。审问时，开罗人告诉官兵自己受梦境指引来到伊斯法罕的经过。官兵的队长听了哈哈大笑，他说，我曾经连续三次梦见自己的财富在开罗的一个庭院里，庭院的花园里有一座日晷，一棵无花果树，边上还有个喷泉，我的财富就在喷泉底下。可是,我不像你那么傻,我从来不会去理会这荒唐的梦境。"

开罗人被释放后,立即踏上了回家的旅程,他回到自己家里,挖开了院子里的喷泉,喷泉底下果然藏着巨额的黄金。

这是阿拉伯民间文学《一千零一夜》中的一个故事。《一千零一夜》已经成为世界级的经典文学瑰宝,滋养了无数的人。受这个神奇寻宝故事的启发,阿根廷作家博尔赫斯写了短篇小说《两个做梦人的故事》,巴西作家保罗写了长篇小说《牧羊少年奇幻之旅》。格非则认为这个故事可以看作文学写作本身的某种隐喻。

我最初读这个故事时,觉得故事给我的启发是"心动不如行动"。梦想只有付诸行动,才有实现的可能,一个成功的人,首先一定是一个彻底的行动者,只有在行动中,梦想才有价值。而当我在推动区域阅读时,再次读到这个故事,它又给了我不一样的启示:每个人就是一个丰富的宝藏,就如同开罗人自家院子里的黄金一样,不假外求。然而,这个宝藏是隐藏在身体深处的,无法自行显现,需要去探寻、发现,需要有一把开启宝藏的钥匙,宝藏才能够真正属于你。开罗人是通过一段旅程、一段与官兵队长的对话,获得了启示,才挖掘出了自己的宝藏,这段对话就是开罗人获得宝藏的钥匙。浩瀚书海,是一个无比广阔的世界,阅读的本质就是在这个世界中展开的一场场旅行,一次次通过文本与世界对话进而探寻自我的过程。因而,阅读就是开启每个人自身宝藏的那把钥匙。阅读让我们在无限丰富的对话中,不断地反观自己,发现自己,开发自己,提升自己,从而找到自己身上独一无二的宝藏。

这就是阅读的魅力,一篇好的文章,一个有趣的故事,一部经典的文学作品,蕴藏的丰富思想不会因为时间流逝而有所减损。同样的文本,不同的人,不同时期的阅读,都会有不同的启发,或启迪智慧,或净化心灵,或激发某种伟大的志向,或潜藏着在某日突然开花结果。阅读之于每个人的意义也许不尽相同,但其共同价值在于让我们能够成为更好的自己。

作家周国平先生说:"每个人在一生中会有各种其他的身份,但是,如果不同时也是一个读者,这个人肯定存在着某种缺陷。"儿童文学作家曹文轩说:

"阅读是对一种生活方式、人生方式的认同。阅读与不阅读，区别出两种截然不同的生活方式或人生方式。这中间是一道屏障、一道鸿沟，两边是完全不一样的气象。一面草长莺飞、繁花似锦，一面必定是一望无际的、令人窒息的荒凉和寂寥。"

阅读，才能让人过上可能的完整生活；阅读，才能够让我们有草长莺飞、繁花似锦的人生气象。无数事实表明，儿童时期的阅读经历对孩子能否形成终身的阅读习惯至关重要！老师们，家长们，成人世界能够送给孩子们的礼物，还有什么能够比让孩子走进阅读、热爱阅读更珍贵的呢？孩子们，你们还需要犹豫吗？捧起书吧，每天读至少一小时的书，这应该比你每次都考 100 分还要重要得多。

拿起书吧，让书籍成为照亮我们生命的一盏盏明灯，让阅读成为支持我们成长最可靠、最可持续的力量。

继往开来，笃行不怠
——参加区教师进修学校2018年度总结交流会即席发言

聆听了各位教研员的分享汇报和周扣平校长所作的2018年学校工作总结及2019年展望报告，我一直沉浸在感动、欣喜之中，感动于各位伙伴的用心，欣喜于大家的成长和学校的发展。

区教师进修学校的年终总结交流会持续进行了几年，每年都有一些变化，但交流分享的主旨不变，彼此的初衷不变。为什么要开这样的年终总结会？为什么要让每个工作人员都走上讲台汇报自己的工作，让大家谈所行、所得、所疑、所思？教研员的工作很大程度上是一份相对独立的工作，不同学科、不同学段的教研员平时难得有交流，彼此不知道对方在忙碌些什么。这样的一种工作状态，一不小心就会带来情感的隔阂，相互之间缺乏真正的理解，难以形成真正的团队。总结交流会让每个人都看到其他人的工作，看到每个人都在为学校的荣誉、为区域教育的发展殚精竭虑；看到他人的精彩之处，碰撞思维，汇聚智慧，共同生长；看到每个人都在为共同的愿景贡献力量，彼此联结，相互滋养。每年的年终总结交流会都是令人感动的时刻，彼此看见，彼此照见，汇聚能量。记得 2017 年初，离开教师进修学校前，在以校长的身份主持召开的最后一个会上，我说过，一个组织的发展，最重要的无非两件事——传承与创新。传承是对过往的尊重，是对自身的不断回望，是一个去芜存菁的过程，是文化积淀塑形的过程，没有传承，就没有根基，就没有组织存在的凭依；创新是对未来的渴望，是对传统的质疑，是对不合时宜的改造甚至抛弃，是改变优化的过程，没有创新，就没有活力，就没有组织发展的前景。教师进修学校的总结交流会是一个很好的传统，应该坚持，交流会的形式和主题则可以有变化、有创新。

今天的年终总结会，20 个人的发言都很精彩，精彩在都闪耀着思想的火花，都蕴含着情感的温度。我的感受可以用四个关键词来表达：信念、深耕、成长、成效。

信念。海沧教师进修学校建校之初，就提出了"海沧教育因我而改变"的愿景，我们相信在教研员的岗位上，每个人都有责任、有能力推动教育的改变；我们相信"一厘米之变"的力量，每一点的努力，每一寸的进步，都不白费；我们希望每个教研员在调离这个岗位或退休时，回首在进修学校的工作，都能自豪地说自己推动了学科的改变。今天，我再次感受到"海沧教育因我而改变"的信念已经根植于大家心中，许耀琳老师说"专心才是专业的开始"，陈碧云老师说"持续，点滴，改变"，王双莲老师说"相信缓慢、平和、细水长流的力量"，丘艳萍老师说"用心前行，一定风景无限"等，都让我感受到了这种信念。

深耕。唯有深耕才有好的收成，我很欣喜地看到我们的教研员从未停止思考，从未停止提升工作品质的脚步。深耕的基础是什么？是不满足，是追寻问题。深耕的途径是什么？是系统性的专业思考和行动，是以专业的眼光，聚焦问题，深思熟虑，谋而后动。我在大家的分享中感受到了这种专业意识和专业精神。许耀琳老师对"隐形的形式主义"的追问，柯立琼老师提出"基于问题驱动的学习共同体课堂教学研究"，陈碧云老师规划制定"海沧区小学英语学习内容与具体要求"，徐初品老师"星火计划"和"燎原计划"的骨干教师培养设计，叶小婷老师对"区专题培训与校本教研无联结"的思考，郑晓玲老师的心理健康教师团队建设，沈学娜老师"用写教案的方式设计教研"，程美慧老师的学科教研模式的逐年演进提升，林秋雁老师分享的孙宗良名师工作室之精耕细作，陈秋萍老师以信息技术与学科融合为主线的教研跟进等，都让我看到教研员深度耕耘的行动力和由此带来的收获。

成长。成长总是最动人的事情，教研员自身的成长，学科团队的成长，皆让人欣慰喜悦。从大家的发言中，我看到了更多的自信，这是成长的重要表现。这种自信，来源于对自身专业能力的信心，来源于对自己工作成效的信心。从大家的发言中，我看到了更具专业意味的思考和行动。传统的教研工作基本是经验型的，教研内容缺乏系统设计，项目之间缺少逻辑关联，教研效果没有实证研究。今天的发言中，我看到了很多不同，学前教育"PCK 视野下《3—6 岁儿童学习与发展指南》解析"，小学英语的 SWOT 分析及针对教研碎片化提出的解决方案，小学道德与法治"同课深耕"的行为跟进和深度介入，物理学科基于教师团队结构分析提出的研修策略，化学学科基于教师现状的学科团队分层建设实践等，都有了更多专业与实证意味。成长还体现在对待问题的态度上，我看到大家能够更理性、平和地对待批评，能够正视问题，换位思考，有了更多的同理心，这是心智和精神的成长，尤其可贵。

成效。2018 年教师进修学校的工作卓有成效，指导教师参加各类比赛屡获佳绩，如参加福建省教师技能大赛获得两个特等奖；教育信息化入选全国第二届教育信息化应用典型案例，获评福建省县级教师示范性教师进修学校，省市学业监测、中高考都取得较好的成绩，区域内学校学业校际差异明显缩小等，都是可圈可点的成绩。可以说，海沧教育的每一点进步都有教师进修学校的贡献，都凝结着各位教研员的汗水。

海沧教师进修学校能够充满活力，根源在于进修学校的同侪始终怀揣梦想，始终不满于现状，始终努力超越。有鉴于此，借此机会，我提几点思考与大家共勉。

信心更足点。大家在发言中都提出了不少问题，有些甚至是目前很难突破的问题。比如：与学校文化对教师的影响相比，教研员的影响几乎微乎其微，面对一所教师普遍缺乏生长动力的学校，教研员总有螳臂当车的感觉；教研培训工作不可能是立竿见影的，其作用并不是所有领导都能看到的，当教研与老师承担的学习工作有矛盾时，让路的总是教研，如何平衡与化解教研与教学工作的矛盾；因财务制度对本区教师发放津贴、补贴的制约，诸如命题、评选、入校指导等工作，教研员只能找其他区的教师来做，事实上，这些工作对教师而言既是一种额外的负担，也是一种成长的平台，但因为制度的制约，本区老师反而失去了这种机会；引进的各种项目，在推进中遇到种种困难和问题等。确实，现实的很多问题都会困扰着我们，会给我们带来沉重的无力感。但我相信，虽然有些问题我们暂时无法解决，只能回避绕道走，会给我们工作带来困难，却不一定会影响大盘。其实，只要你前行，总会有问题摆在前面，解决了一个问题，马上又会迎来新的问题，但你会发现，后一个问题在你没有到达那个地方时，你是遇不到的。换言之，层出不穷的问题，就像里程碑，告诉你，你又行走了一程，因而问题也是我们前进的标志。所以，不要惧怕问题，有的问题可以暂时悬置，有的问题可以通过别的渠道解决，问题不应该阻挡我们前进的步伐。也有老师在分享中谈到不被认可的问题，我相信这是客观存在的，世界上从来都不缺乏短视的人，不缺乏只能看到眼前一亩三分地的人，何况教研员本质上就是幕后英雄，功成不必在我，我们所作的一切努力，自有教师的成长在记录，自有海沧教育的改变在记录，完全不需要某些个人的认可。当然，还是有很多人看到教师进修学校在海沧教育发展中发挥的重要作用，看到我们教研员的努力和工作成效。上周和孙宗良老师在一起，他几次情不自禁地对我说，"海沧教育能够有今天的发展，教师进修学校起到的作用太大了"。上个月底，有个地区的教育局领导带队到我们进修学校考察教育信息化工作，总结时他说了两句话：一是在海沧学到了推动教育信息化的真经；二是海沧教师进修学校发挥的职能已经远超进修学校本身的工作职责。应该坚信，我们今天付出的所有努力，都会实实在在影响海沧教育的未来。进修学校的每位老师都要有足够的信心相信我们所做的每一项工作都如执着的水滴，总有水滴石穿之时。

视野更宽点。教研员的工作要求我们有更宽广的视野，否则很可能被经验所束缚，被陈旧的认知所困。2019年开春，我们进修学校组织全体教研员到洛阳西工区考察学习"心教育"，赴苏州、昆山教师发展中心考察学习教师研修的组织与实施，很多老师感觉到了冲击力。走出去，对教研员，对校长、教师，的确都很重要，看到别人，才知道自己所处的位置，才会萌生新的动力；看到别人，才知道自己认知的局限，才能打破思维的藩篱。然而，仅仅靠走出去肯定是不够的，毕竟走出去的机会总是有限的。视野更宽点，更重要的是要依赖读书学习，书籍是最好、最便捷的看到外面世界的窗口。国家教育改革发展有哪些重大的政策，北京、上海、江苏、浙江等教育发达地区的教育在做什么，美国、欧洲、日本等发达国家教育发展的趋势是什么等，都可以通过书籍看到。2018年教师节，区教育基金会、教育局给全区教师赠送了一本书《脑科学与课堂——以脑为导向的教学模式》，这个月我在北师大海沧附属学校的微信平台上看到北附励耘书社的老师们举办了这本书的读书分享会，非常棒。我不知道我们教师进修学校的老师们是否都读了这本书，我可以很负责地告诉大家，我在拿到手的第一周就阅读了这本书。我和扣平校长说过，一定要把教师进修学校的读书活动坚持下去，每年共读几本经典的教育书籍，鼓励大家多读书、读好书。教研员自己不走在前沿，是没有能力带好学科团队的。

格局更大点。今天，我们站在全球化和互联网的时代，地球可以无限小，资讯可以无限快速传播，可以想象，在这样一个时代，关起门来办学校、办教育是没有任何前途的，开放比历史上任何一个时候都显得重要。开放也就意味着会有不同的观念涌入，会有各种资源进来，如果没有大的格局，我们很可能无法消化不同的观念，消极对待外来的资源。2015年，我们引进了上海孙宗良老师工作室，随后又陆续引进了五个上海名师工作室。可以说，这些名师工作室的主持人都是上海最优秀的教师，他们走进海沧，不仅仅是带几个老师成长的问题，事实上，这些名师工作室也应该是我们眺望上海教育的一条通道。今天回头看，上海名师工作室在海沧发展得并不平衡，发挥的作用差异甚大，这与主持人本身的高度以及工作方式有关，与我们参与工作室的教师的学习能力有关，但更与我们负责的学科教研员有关。比如，孙宗良老师工作室运行状况非常好，工作室活动既丰富又有深度，持续深化研修主题，让工作室的海沧老师看到了更高处的风景，收获了专业上的成长，这与林虹、林秋雁两位教研员的用心是分不开的。她俩都把自己当作孙宗良老师的学生，把工作室的每次活动当作自己求学的机会，名曰工作室负责人，但实以向道之心策划、组织、参与各项活动。孙宗良老师说海沧老师的好学让他很感动，我想他更多的是被我们两位林老师感动吧，有这样的"弟子"，先生焉能不倾囊相授，有这样的学习伙伴，工作室其他成员又怎好不用心投入？我以为，格局越大的人，越能将自己放低，越能看到大海之博大、高山之雄奇。海沧教育要快速发展，需要有这样的心量，需要有这样的格局。异地名师工作室、亲近母语、高诚杰教授写字教育团队、学习共同体指导团队、生命教育辅导教师团队、中华儿女美术馆、真爱梦想基金会等，越来越多的资源进入海沧，参与到海沧的教育改革发展大潮中。这些资源很多都依托进修学校，都由我们教研员来对接，客观上给大家增加了工作负担，工作中与对方有时也难免会有分歧，会给大家带来困扰或压力，我希望我们大家都能克服这些不便和不适，从大处着眼，主动接纳，主动沟通，主动服务，汇集各种优质资源助力海沧教育发展。

思路更活点。同样的工作干久了，思维难免固化，工作思路越来越呆板僵化，一不小心就会在原地打转而无法走出，这无疑会严重影响我们的工作成效，学科教研工作如此，教师进修学校整体工作也是如此。要打破思维固化的围墙，就必须经常自我反省：这项工作成效是否还可以更好，方法是否还可以改进，是否还有别的办法。思想打开了，思路自然也就多了。比如，我们组建的上海名师工作室发挥了很好的效益，未来若要扩展，是不是一定要限制在上海呢？进修学校2019年将会请浙江的名师、省教科所的名师来建工作室，就打破了这堵思维的墙。目前的异地名师工作室运行模式基本相同，以带优秀教师团队为主，是否可以有所改变，建立服务某个片区的名师工作室，以深入课堂帮助新手教师或教学能力较弱的教师为主？这也很值得尝试。区教师进修学校是海沧教师队伍建设的主要支持力量，这支力量还是太单薄了，能否依托即将成立的海沧教育研究会建立贯通中小学的学科研究分会，并培育使之成为进修学校的补充力量？这可能也是一种值得探索的路径。"不满是向上的车轮"，不满足于眼前的工作，就会有更多的想法、更活的思路。

行动更实点。行动要更实，就要抓住工作重点，清楚工作重心在什么位置，切忌不分主次。省、市、县（区）都有教研机构，都有教研员，虽然都是教研员，但工作的重心肯定不同。依我看来，省教研员的工作重点应该在"道"，建立标准，形成体系，把握方向；市教研员的工作重点应该在"事"，解读标准，研究考试，选择路径；县（区）教研员的工作重点应该在"人"，学科团队建设应该是区教研员的核心工作，为教师的成长搭建平台，支持每个教师从新手教师到优秀教师，从入职到走完完整的职业人生，让每个教师都获得持续的成长。正如孙宗良老师在作工作室总结时所说，工作室开展了很多活动，归结起来就做了一件事，那就是"让每个人有更多的思维碰撞，让每个人变得更有思想"。让每个人都获得有效的成长，让每个教师都成为合格乃至优秀的明师，功莫大焉！善莫大焉！工作重点在"人"，教研工作应该聚焦于课堂，课堂是最能展现教师生命状态的地方，也是教师获得职业幸福最重要的地方。教研工作要聚焦于课堂教学改革，要帮助每个教师切实过好教学关。工作重点在"人"，教研工作应该聚焦于教师的行为改变、教师的自我学习行为、教师的同伴互助行为、教师的师生关系建构行为等，从可捉摸的行为入手，促进形成良好的教师文化。行动要实，还要研究行动的系统性、规范性，要从无序和碎片化走向主题系列化，要有意识开展教研工作的实证研究，通过真实的证据来证明教研的效度、信度。

幸福更多点。我们应该努力让工作成为一件幸福的事情。建校之初，我们对学校文化的期待有一句很重要的话，即"和谐包容"。人是处境的动物，人际关系是最重要的环境，幸福不幸福和所处的环境有很大关系，过度竞争，相互提防，在人际关系紧张的环境里，人很难有幸福感可言。海沧教师进修学校的绩效工资是"吃大锅饭"模式，基本是平均主义。很多人不理解，觉得绩就应该奖优罚劣，否则不利于激发优秀人才脱颖而出。事实上，教师进修学校的"大锅饭"，是基于这样一种信任：既然能够进入教研员这个队伍，那么个体就应该是足够优秀的，既然每个个体都是优秀的，那又何来奖优罚劣之说呢！更重要的是，我们相信，一群有资格带领教师团队的人聚集在一起，这群人就不应该是蝇营狗苟之辈，不应该是为了绩效工资而工作的人，而应该是在马斯洛需要层次论中"自我实现"那个层次的人，是有精神追求的人。当然，我们可能过度理想化了，但这样一种文化，对人应该会有自然的触动，既让大家更加大气包容，也推动每个人都能够无愧学校的信任，无愧同伴的信任，否则这样的"大锅饭"将失去存在的基础。大家都说，海沧教师进修学校总有家的感觉，这种"家"的感觉是幸福的一种重要支持力量。当然，幸福仅有环境的和谐是难以持久的，真正的幸福来源于生活的价值和意义，价值和意义才可以产生持久的动力，让我们充满激情，让我们有持续的获得感、成就感。邱宗如、程美慧老师 56 岁了，但都没有放弃专业追求。邱宗如老师对数学解题始终保持浓厚的研究兴趣，始终热爱自己的学科。程美慧老师对学科建设投入极大热情，亲自上研究示范课，历史学科学业成绩名列前茅。老骥伏枥，志在千里，两位老教师身上都有很多值得我们学习的地方。有什么能比改变教育更有价值和意义呢？海沧教育因我而改变，这是多么动人心魄的愿景。我们应该不断给自己赋能，让生命更加饱满，让工作更加有效能。在进修学校工作的每一天都不虚度，生命自有其价值和意义，幸福自在手中。

系统改进，推进海沧教育新发展
——在 2021 年年终教育教学总结会上的讲话

2021 年是一个不平凡的年份，我们克服种种困难和不利因素，取得了可喜的成绩。教师课堂教学创新比赛、省市教师技能大赛都取得全市领先的成绩，第七届福建省教育艺术节取得历史性的突破，体育、科技在各类比赛中也屡获大奖，中高考再获佳绩，职业教育、特殊教育、学前教育都有新的发展和突破，借此机会，我代表区委教育工委、区教育局对全区教育系统干部职工的辛勤付出表示衷心的感谢！

所有过往皆是序章。今天我们用一天时间开了一个很好的务虚会，谋划未来的发展，15 位校长代表作了很好的发言，直面问题和发展瓶颈，谈目标、谈策略和谈具体行动计划，我从中感受到一股催人奋进的力量。我相信，将这些想法思路落实到工作中，2022 年值得我们深深期待！下面，我谈六点意见供各位参考。

第一，全面加强学校党的建设。2016 年 6 月，中央组织部、教育部党组联合印发了《关于加强中小学校党的建设工作的意见》，指出"中小学教育是国民教育体系的基础，担负着培养德智体美全面发展的社会主义建设者和接班人的重要使命。加强中小学校党的建设，对于全面贯彻党的教育方针、保证社会主义办学方向、落实立德树人根本任务，办好人民满意的教育，具有重要意义"。中小学校党组织是党在学校中全部工作和战斗力的基础，加强和改进中小学校党的建设工作，充分发挥党组织的政治核心作用，对加强党对教育工作的全面领导，全面贯彻党的教育方针，落实立德树人根本任务，保证学校始终走在正确的办学道路上，推动学校高水平、高质量发展具有十分重要的作用。加强学校党的建设，要大力弘扬伟大建党精神，坚定捍卫"两个确立"，坚决做到"两个维护"，把各方面力量凝聚在党的旗帜下，全面推进党的组织建设、作风建设、纪律建设。加强学校党的建设，要把重点放在党员队伍的建设上，要切实加强党员的党性教育，通过实施党员"亮身份、当示范"、党员名师工程、党员承诺制、党员教师示范岗等活动，切实发挥党员干部教师的先锋模范作用，从而引导广大教师增强政治认同和教书育人责任感，争当有理想信念、有道德情操、有扎实学识、有仁爱之心的好教师。从某种程度上说，学校党建工作好不好，学校党建是否有成效，关键就看学校有没有一支理想信念特别坚定、特别能吃苦、特别能战斗的党员教师队伍，关键就看党员有没有真正起到先锋模范作用，关键就看每个党员教师在学校中具有怎样的影响力！为党育人，为国育才，党员领导干部和党员教师要成为标杆，要自觉带领广大教师勇毅前行。

第二，大力提升学校管理水平。有人这样定义管理："管理是指一定组织中的管理者，通过实施计划、组织、协调、控制等职能来协调他人的活动，使别人同自己一起实现既定目标的活动过程。"学校运行和发展离不开管理，一定意义上甚至可以说，管理的水平决定了一所学校呈现的面貌。不同学校面临的管理问题可能各有不同，如何提升科学管理水平，需要解决的问题自然也不相同。但就海沧目前绝大多数学校而言，提升科学管理水平，都需要审视这些问题：

审视自我。无论多么完善的管理机制，最终都需要人来落实，管理者的工作方式、工作态度、工作作风就是管理本身，学校管理层的每一个人都是教师的镜子，是正面还是反面的镜子，就看管理者以什么样的生命状态在工作，看管理者怎么样对待人和事。教师透过这面镜子可以看到学校真正倡导的是什么。德鲁克认为做卓越的管理者首先是"自我管理",抓管理,从抓管理者自身开始,自身以一种怎样的状态在学校工作,自身对学校的管理持怎样的态度,要求他人做到的自身是否先做到,是否坚持原则,是否有必要的弹性,是否真心爱这所学校,是否关心关爱教职员工,是否有专业的敏感性,是否有开放的心态,等等。管理者不仅要在工作状态、工作作风上成为教师的表率,还要加强学习,不断提升素养和管理能力,要真正具备带团队的领导能力,具备推动事业发展的专业能力。只有管理者成为一流的员工,才有一流的管理。

审视流程。为什么做同样的一件事,同样的实施方案,不同学校结果差异会那么大?在不少单位都能看到,有的管理者只负责布置工作,至于这项工作如何完成、完成的质量怎样他并不关心,这是一种放任无效的管理。管理必须遵循一定的流程,从项目的发起到完成,计划、部署、实施、控制、评价、反馈、总结环环相扣,构成一个完整的管理流程。管理的目标能否达成,与流程的缺失或失效密切相关。有效的管理不仅是流程中的每个节点都应该发生作用,而且全流程应该形成完整的闭环,从计划开始,最终回到对计划完成情况的总结与反思,以此为新的起点开启新的循环。从管理的过程来说,管理就是对流程的控制和调整优化。学校管理形成闭环,才能确保工作落地有声,让管理"可见",管理者也才能够对管理的全流程进行检视、反思、优化,从而不断提升管理水平。审视管理,不能不审视管理流程中的每个环节是否有效和流程是否形成闭环。

审视标准。学校管理工作不能满足于"有",而应该从"有"走向"有品质"。综观区内学校,若只从某事或某工作内容有无的角度评价学校,几乎无甚差别,常规管理、教师发展、课程建设、社团活动等方方面面基本都不会落下。但如果从工作的品质方面来考察,差异之大可能会超乎想象,这个差异的结果就是学校发展水平的差异。有无工作标准或标准设定高低是管理工作是否有品质的重要原因。"标准"既是要求,也是目标和方向,没有标准,工作完成质量就无从评判,此项工作将抵达何方也无从把握。例如,学校要发起一项

"教师专业发展三年行动"的工作,在行动方案的设计中,如何设置"教师专业发展"的标准就是关键性的任务。设计者可以围绕教师德性发展、教师本体性知识发展、教师条件性知识发展、教师行为能力发展等方面来设置符合本校教师实际的标准。有了这样的标准,围绕教师专业发展的所有工作以及结果才是可测量的,教师的自我发展也才能够有明确的方向和目标。学校若不想陷入平庸,"无标准不做事"应该成为学校管理工作的一项原则。某种意义上,标准也是学校在各个具体事务上的自我要求,有无自我要求,自我要求有多高,不仅仅是一种管理的手段,也是学校价值观的反映,具有重要的引领和凝聚共识作用。

审视制度。管理离不开制度建设,制度是管理得以顺利实施的重要保障。"建立健全制度"是管理中常被提起的一句话,但管理者要清楚,制度往往是一把双刃剑,坏的制度、无法落实的制度比没有制度更糟糕。管理的最终着力点在"人",通过管理,改变人的态度和心智模式,改善人的行为,提升人的自我工作效能。学校管理者应该从"人"这个视角对制度进行审视,不断追问制度是否有利于促进人积极向善,是否有利于形成良好的学校文化,对不合理甚至具有一定破坏性的制度就该及时淘汰或优化调整。例如,一些学校有一项照顾老教师的制度:五年内退休的教师工作量可以减半。这个制度在学校发展初期也许无伤大雅,毕竟彼时学校绝大多数教师都还年轻,照顾个别老同志既显人文关怀,对其他老师也不会带来多大影响。然而,随着学校步入中年,"五年内退休"的教师比重自然越来越大,这些老教师减下来的工作量谁来承担?当然得青年教师来分担!这既加重了青年教师的工作负担,也挤占了青年教师研修学习的时间,不可避免地影响了青年教师的成长。更可虑的是,这个制度其潜在的思维是对老教师教学能力的不信任,给了他们不良的心理暗示,老教师在获得照顾的同时,自然也放低了对自我的要求。然而,一个团队中,老同志事实上是最具影响力的,老同志若乐于勇挑重担,年轻人不用多说就自能扬鞭奋蹄。在一些名校,许多年近退休的老教师还担任班主任,还承担满工作量的学科教学工作,他们热爱教育,充满朝气,乐于帮助年轻教师成长,自然而然地感染着团队中的年轻人,"老骥伏枥,志在千里"。在我看来,老教师正是这些学校成为"名校"最根本的原因。有了他们,学校昂扬向上的精神才能够代代相传。回过头来看,我们学校的这项制度问题何在?会带来哪些方面的消极影响?是取缔还是调整优化?不妨在学校中发起一场大讨论,开启一场制度的审视和共建活动。学校制度建设不能头痛医头、脚痛医脚,不能只顾眼前不考虑长远影响,任何一项制度出台都需要作全面的评估。

第三,推进课堂教学提质增效。课堂是培育学生核心素养和关键能力的主阵地,是决定学校教育教学质量和育人水平的关键所在,始终都是教育教学改革的焦点和难点。课堂若不变革,学校就不可能实现根本性的改变,新时代要求的育人目标也不可能得以实现。可以说,课堂教学变革势在必行,已经到了非动不可的时候。课堂教学变革怎么变?每所学校都应该有自己的行动路线图和行动方案,但万变不离其宗,任何变革都应该从自身的实际出发,从问题出发。我们学校的课堂教学变革可以从查找课堂存在的问题开始,从解决这些问题入手,走向较为理想的课堂。查找课堂问题,尤其应该关注以下几个方面:

课堂是否有规范。教师凭借直接或间接经验以及某种直觉教学,教材解读缺乏深度,教学目标模糊,教学策略不清,课堂行为具有相当的随意性,导致教学成效低下,是当前课堂教学中普遍存在的问题。我们常说"教学有法,教无定法",有人将其理解为教学的随心所欲,事实上,"教无定法"的前提恰恰是"教学有法",是要求教师在具体的教学情境中选择合适的教学方法。所谓的教学规范,就是针对不同的课型和教学内容、教学任务设计合适的教学方案,选择合适的教学方法。我们反对教学技术化,但也不能不认识到,教学作为一门行动的科学,自然包含了技术的成分,如何管理课堂、如何呈现教学内容、如何教授概念、如何指导学生自主学习、如何布置恰当的作业、如何发展学生能力等,这些都应该成为教学的主动行为,需要一定的技术规范加以落实。依我的课堂观察,中小学课堂教学之所以低效,不是因为教学过度技术化,恰恰是因为对教学的科学性认识不足,是对技术所知甚少。因此建立必要的教学规范,通过培训、教研、自我研修促使教师熟练掌握不同情境下的教学方法和课堂行动系统知识，提高教师理性掌控课堂教学的能力，是提高课堂品质的基础性工作。

学习是否真发生。课堂教学是因为学生有学的需求才存在的，"学习"自然应该成为课堂的中心，教学应该围绕如何让学习真正发生来开展并推进，评判一节课是否成功，看学生如何学习自然也应该是最重要的视角。但事实上，许多课堂活动，教师的关注点仍然在教的完成而非学的发生上，许多教师下意识地认为学生的学会跟随着教师的教自然发生，学生学习处在一种"自为"的状态中，因此，大量的虚假学习和浅表性学习充斥课堂之中，学困生正是在这样的学习境遇中不断产生的。《可见的学习》认为，"学习起始于'逆向设计'——而不是起始于教科书、备受喜欢的课或久负盛名的活动。学习从教师（最好还有学生）了解期望的结果（对应于学习目的的成功标准）开始，然后逆向运行到学生开始上课的状态——既包括他们先前的知识，也包括他们在整个学习过程中所处的位置。教师的目的在于缩小起始状态和成功标准之间的距离。这就要求教师不仅对每名学生的先前知识有深刻的理解，还要对学生的思维方式以及他们在思维发展过程中所处的位置有深层的理解。因此要想教得好，教师必须对人是如何学习的有深刻的理解"。也就是说，教师不仅对学生的学习起点和应该达到的学习目标要了然于胸，而且应该知道如何帮助学生从起点走到终点。日本教育学者佐藤学先生认为，学习是与学习对象的对话（认知性实践）、与他者的对话（人际性实践）、与自我的对话（伦理性实践）三位一体的活动，"对话"引发学习逐渐成为一种教学共识，然而一些教师对学习缺乏深刻认识，将对话简单理解为师生问答，大量低水平提问挤占了宝贵的课堂时间，学生思维水平只能停留在低阶层次上，深度学习无从发生。就"对话"而言，观察学习是否真实发生，可以从问题的质量、是否引发认知冲突、是否给予必要的思考时间、同伴之间是否有互助交流、教师如何回应理答等方面加以考察，教师应该成为有意识、有能力的学习指导者和促进者。

环境是否有温度。课堂是师生共同度过的一段生活，师生的生命质量与课堂环境是否有温度关系极为密切，要重视良好课堂环境的建设，让师生生命在课堂上得到舒展。人际关系是课堂的首要环境，是课堂的晴雨表，好的人际关系让课堂润泽温馨，教与学的双方才能在其中得到滋养。某种意义上，教育学就是关系学，中国自古以来就有"亲其师，信其道"之说，良好的师生关系、生生关系是一种巨大的力量，所谓"教学相长"也只有在良好的师生关系中才能够得以实现。课堂上的人际关系中，教师是绝对主导的一方，教师以一种平等、尊重的态度对待学生，善于聆听儿童的声音，公平对待每个孩子，关注到课堂上的弱势群体，对孩子充满善意，绝不讽刺挖苦学生，禁绝冷暴力，良好的师生关系才能够真正确立起来。教师对待学生的态度，同时也在教会孩子应该怎样对待自己的同伴，因此，学生之间以一种怎样的方式相处，可以说很大程度上正是教师示范的结果。课堂环境是否有温度，也体现在物理环境的布置上，体现在教育技术的应用上，过度的技术应用，是对环境的破坏。比如，一些教师喜欢在课堂上用扩音设备，在六七十平方米的空间里用扩音设备，有没有这种必要？过高分贝且失真的声音对学生是否有不利影响？非常值得思考。以我个人的体验，每天都处在那种有噪声的环境中，我恐怕会抓狂。不用扩音设备，让教师的声音小下来，让课堂安静下来，这样的环境应该更有利于人集中注意力，思维的活跃程度应该也会更高。

教学是否有评估。教学是在单位时间里实施的具有明确目标、实施计划的活动。布卢姆指出："有效教学始于准确地知道需要达到的教学目标是什么。"换言之，教学是否有效，应该是可以测量评估的。教师应该具有教学的评估反馈意识，对每节课的教学效果都应该做到成竹在胸。从学校层面来说，建立课堂教学评估机制，对教学过程实施有效的质量管理，是提升课堂教学质量的必要保障。对教学的评估不能停留在只看考试成绩、只通过横向对比的粗放式管理阶段，这样的评估忽略了起点和差异，忽略了教学的过程，并不能帮助教师找到教学问题。要记住，评估不是目的，而是手段，是帮助教师提升教学能力水平的一种方式，要着眼于帮助、提升，而不是批评、指责。如何有效评估教学，促进教学改进，需要学校做系统的思考设计。

技术是否用得好。技术对教育教学产生的影响已经越来越明显。如果说电子白板、一体机只是方便了教学，让教学更加直观，资源获取更加便捷，师生互动更加方便，有效拓展教学空间等，无法实现教学的根本性变化，那么，"互联网+"移动学习终端、大数据、人工智能的出现，则很可能带来教育教学的根本性变革。未来已经到来，对技术是否保持足够的敏感，也许会是决定性的要素，学校要对此保持足够的清醒和重视，始终关注技术的变化，适时引入可推广、可复制的技术应用。

第四，切实抓好干部教师队伍建设。一支好的干部教师队伍是做好教育教学工作最基本也是最重要的保证。一所学校风气好不好，教学质量有没有保证，育人水平高不高，首先就看这所学校有没有一支有凝聚力、有创造力、有战斗力的高水平干部教师队伍。

队伍好不好，首先看领导、看干部。应该说，海沧教育干部队伍总体是很好的，都想干事创业，都想把学校办好，都有一股积极向上不服输的劲头。海沧教育这些年的发展和取得的成绩离不开这支队伍的奋力拼搏，离不开这支队伍尤其是校长的引领。但是，不可否认，我们这支队伍也有人存在思想僵化缺乏创新能力、推诿扯皮缺乏主动精神、不思进取满足现状、标准不高能力不足、视野狭隘不爱学习、避重就轻不敢担当等问题或不良风气，这些问题虽然不是普遍性的问题，但只要存在，都会影响整个队伍的士气，都会阻碍事业的发展。一所学校，风气好不好，队伍素质高不高，关键看干部。干部作风松松垮垮，干部避重就轻、挑三拣四，干部拉帮结派不讲团结，校长就是用尽洪荒之力，也不可能建设起一支好的教师队伍。学校要持之以恒地抓干部队伍建设不放松，要树立学校要改变干部必须先改变的意识！学校变革、学校改进必须先从干部抓起，从干部作风抓起，从改变干部思维方式抓起，从干部学习力、执行力、创新力、共情力的培养提升抓起，要切实增强干部的责任感和使命感，要建立干部学习成长的保障机制，要涵养干部系统思考和解决问题的能力。学校各层级领导干部都要勇于担当，不讲条件，勇挑重任，争当一流的斗士，争当改革创新的先锋，争当教书育人的楷模。

没有好的教师就没有好的教育。"兴教之道在于师"，人民教育家于漪老师说："校长顶大的一件事就是培养教师。"高素质的教师队伍是提高教育教学质量、促进学校高质量发展的先决条件。抓教师队伍建设，一要重视文化涵养。学校要重视师德师风建设，加强学术研究，强化学术管理，形成重学术、重专业、重师德师表的良好风尚。要关心关爱教师，为教师创造良好的工作环境，要建立综合性、发展性、激励性的教师评价机制，要树立师德先进典型，要培育教书育人标兵，要传诵讲好"好教师"的故事，激发教师的工作积极性和发展内驱力，形成人人争当好教师的文化氛围，以文化人，涵养新时代的好教师。二要健全赋能机制。教师专业发展必须获得持续的专业赋能，通过专业赋能才能形成源头活水，让教师获得教育教学的成功，体验教育生活的幸福，形成自我发展的自觉。约翰·哈蒂在《可见的学习》中指出："教育的结果取决于由学校领导引领的、得到整个系统的支持和滋养的教师们。"好教师的成长，离不开学校这个系统的"支持和滋养"。学校应该建立起有保障、有质量、有评估的教学研究、校本培训、学术论坛、专业阅读等教师研修机制，为教师发展提供载体和平台。三要加强团队建设。要通过团队建设，形成互帮互助、共同生长的良好生态。加强教研组和备课组的建设，要厘清教研组与备课组的关系。教研组建设重在抓"研究"，通过主题化、系列化的教研活动和课题研究，不断提高教师对教育教学规律的认识，提升教师文本解读、教学设计、课程开发、技术应用等方面的能力。备课组建设要重抓"行动"，聚焦课堂改进、作业设计、个别辅导等行动中的具体问题，切实提升教师执教能力。要加强读书共同体、课题组、跨学科项目组、教师社团等学术或非学术团体的建设，通过团队建设不断提升学校凝聚力，提高教师归属感。一所学校不可能每个教师都成为一流的教师，但是一所学校却可以通过努力，建设一流的教师团队。

第五，全力促进家校社形成合力。教育是一项系统性的工程，教育发展离不开全社会的关心支持，离不开家长的支持配合，家校社协同才能实现最优的育人成效。家校社协同，学校要发挥主动性和主导性。学校要有开放的办学意识，主动融入社区，服务社区文明建设，挖掘和利用社区教育资源，和社区以及学校周边企事业单位形成良好的多向互动关系，才能争取最大化的办学支持。学校要高度重视家校配合，要树立家长是学校最重要的合作伙伴的意识。一方面，要为家长成长提供专业引领和支持，要开展有温度的家访活动，增进家校联系沟通，要通过家长学校、家长委员会、家长读书会、家长成长营等活动，帮助家长提升科学养育水平，改善家庭亲子关系，密切家校合作；另一方面，要建立家长服务学校、参与学校管理的办学机制，主动将家长请进校园，参与学校治理，要通过制度建设，发挥家长的专长，激发家长参与学校工作的热情，让家长成为学校工作的监督员、评价者、志愿者、宣传员、义务教师，成为学校办学中的另一支重要"育人队伍"。只有家校社形成合力，学校教育的力量才能最大化，学校才能赢得广泛的声誉和良好的口碑，才能真正成为老百姓认可的家门口的好学校。

第六，不断探索有效育人方式。学校存在的唯一理由是"学生"，学校因为"育人"的价值才与培训机构区别开来，学校坚定为党育人、为国育才的办学方向，高举"立德树人"的大旗，始终坚持"五育并举"的育人方针，不断探索有效的育人方式，构建高质量的育人体系，培养有家国情怀、有责任担当、心智健全、身心健康、热爱生活、学有所长的社会主义新人。

学校应该确立"以人为本"的办学理念，把人的全面发展作为办学的逻辑原点，全面落实立德树人根本任务。要从成全人、发展人的角度，自觉检视和反思学校的办学行为，要坚决摒弃违反人的成长规律和人的长远发展的有害办学行为，要克服急功近利的短视行为，端正办学思想。要从人的正当需求、人的健康发展、国家的育人目标出发，着眼人的可持续发展，思考并选择对的教育行为、教育方式，推进育人方式的转变，建立起有益学生身心全面健康发展的长效办学机制。

环境育人。要重视环境的育人功能。所谓学校环境，就是学校中一切人、事、物的总称，就环境类别而言，学校环境主要指校园内的物质环境设施和以人际活动关系为核心的人际环境。杜威说："想要改变一个人，必须先改变环境，环境改变了，人也就被改变了。"学校物理环境的设计都隐含着一定的教育思想和教育观念，是一种隐性的课程，是学校文化的外显部分，都具有教育的功能。因此，学校环境的创设应该与学校的办学理念、培养目标相一致，让环境"说话"，真正发挥"润物无声"的育人效果。学校人际环境更是直接影响着身处其中的人，学校应该努力营造和谐、合作、互助、美善的人际关系，要让每个孩子在校园中感受到安全、温暖，没有任何恐惧，让孩子喜欢这个环境。

课堂育人。课堂是育人的主渠道，教育大于教学，课堂育人不仅仅要重视学科本身蕴藏的育人价值，自觉将德育、人文精神等融入学科教学中。课堂育人，最重要的还是师表师范的自然熏陶和潜移默化的影响。所谓"学高为师，身正为范"，一个爱岗敬业、热爱教育、关爱学生、教学严谨认真、为人公正正直的教师本身就是最好的教育资源，对学生的影响无远弗届。教育无小事，事事皆示范，教师要注意自己的一言一行，始终保持教学热忱，始终认真对待教学，始终给学生积极正面的影响，课堂就能成为最有温度的育人场域。

课程育人。早在2001年教育部颁布的《基础教育课程改革纲要（试行）》中就明确指出："改变课程管理过于集中的状况，实行国家、地方、学校三级课程管理，增强课程对地方、学校及学生的适应性。"要求"学校在执行国家课程和地方课程的同时，应视当地社会、经济发展具体情况，结合本校的传统和优势、学生的兴趣和需要，开发或选用适合本校的课程"。国家课程是普适性的课程，无法兼顾到每个学生的具体情况、具体需求，校本课程为发展学生特长、让不同孩子都能尝试成功、培养创新型人才提供了支持空间。学校要重视课程建设，将课程建设纳入学校发展规划中，有组织地实施课程建设行动，坚持以学生发展为本，以学习者为中心，整合课程资源，开发建设有质量、有体系的校本课程，形成门类齐全丰富、面向全体学生、多元开放的学校课程图谱。

融合育人。"五育并举"不是五育独立发展，而是五育融合，德、智、体、美、劳五育互相渗透、互相促进、互相贯通，你中有我，我中有你，这样的教育绝不可能靠某个学科、某个学段、某个课程、某个活动、某部分力量单独发力所能完成，而是各方协同融合的结果。学校要研究学段之间的衔接融合、学科之间的相互渗透和融合、课内与课外学习的融合、校内教育与校外实践活动的融合、学校与家庭教育的融合、传统文化与现代文明的融合等，探索建立起各教育要素的融合贯通机制。

"十四五"将是海沧教育历经 20 年筚路蓝缕能否实现"关键一跃"进入厦门市第一方阵的重要机遇期，海沧教育未来能否站在时代的潮头，能否为海沧建设"国际一流海湾城区"作出自己的贡献，能否为厦门教育高质量发展提供"海沧经验"，答案在我们这些人手中。百舸争流，不进则退，我希望，全区教育工作者能够一起全力以赴，勇争一流，把每一所学校都办成好学校，让每个学生都能得到适宜的教育和最佳的发展。让我们不负时代，不负海沧教育，不负海沧人民。

| 附 录 |

想不想学、会不会学是关键
——答《教师月刊》关于学习之八问

1. 20 世纪 90 年代，中国出现了一本超级畅销书《学习的革命》，出版第一年就连印九次；1998 年出版修订版，首印 500 万册。这本书有一个副书名叫"通向 21 世纪的个人护照"，它反映了作者珍妮特·沃斯（Jeannette Vos）、戈登·德莱顿（Gorden Dryden）的充分自信和对未来的判断。他们认为，"怎样学习"比"学习什么"更重要，"学校最重要的任务是让学生学习怎样学习和学习怎样思考"。对于这本书，您有何印象？如今回过头去看，20 多年前的中国，在社会、大众层面出现的这样一种对"学习"的广泛关注，您认为其中包含着什么样的文化状况和教育问题？

我是在 2000 年前后读到《学习的革命》的，一晃过去了 20 多年，印象中，书的编排方式就特别有"学习革命"的味道，目录之后就有一个如何快速读完这本书和记住书中主要观点的引文，这本身就是一种学习方法的指导，给人耳目一新的感觉，也让阅读者对这样一本厚重的书有了更多的阅读兴趣和信心。印象最深的是，该书建立在脑科学和当时已经初露端倪的信息技术革命基础上，对人类为什么需要终身持续地学习、怎样快速有效地学习，进行了全景式的描绘，提出了很多可以操作的学习策略和具体方法。

这本书出版后就引起了社会的广泛关注，持续热销了很多年。我个人觉得，与大众对教育寄予的高度期待有关，教育似乎成为普罗大众通往上流社会的唯一通道，而教育的成败在某种意义上就是"学习"的成败，一本名为"学习的革命"加上一个吸引人眼球的副标题"通向21世纪的个人护照"的书受到热捧实属必然。对学习的广泛关注，也与大众对教育现状的不满有关。20多年前的中国教育，中小学生的课业负担虽远没今天这样恐怖，但教育业已是弊端丛生，中小学生书包过重，课程繁难偏旧，学业高负低质，学生厌学现象越来越普遍等，都是不争的事实。在这样的现实面前，人心思变，都希望找到一味治愈教育痼疾的药方，或者找到突围的方向，《学习的革命》顺应了这种社会需求。当然，对"学习"的广泛关注，从另一个侧面也反映了"学习"作为一种必备的生活技能越来越成为社会共识。联合国教科文组织1972年的那份报告《学会生存——教育世界的今天和明天》，就将"学会学习"列为教育的四个支柱之一。此外，20世纪中叶以来，随着认知心理学、脑神经科学的研究越来越深入，人们对学习的生理、心理机制都有了更加深刻的认识，逐渐意识到学习的成功仅靠"头悬梁，锥刺股"远远不够，"学习"自有其科学方法和规律可循，"学会学习"不是一句口号，而应该是科学指导下的行动，谓之为一场"革命"似也不为过。

2. 当前的中小学校，学生学习的最大问题是什么？应该怎么解决？

当前中小学校，学生学习最大的问题是被动学习和缺乏科学有效的学习方法指导。被动学习与学习的内容和教学方式有关，学校课程脱离生活实际，学生无法将学习与自己的未来联系起来，学习似乎就是为了升学，除此，学生无法找寻到学习的价值和意义；教学方法机械单调，以记忆和训练为主的学习方式，无法让学生体验到学习的乐趣，学生缺乏持久的学习热情和动力。解决学生被动学习的问题，一要从课程着手，逐步打破学科壁垒，让课程更加贴近生活实际，更加生动有趣，让学习真正与现实相联结，与未来相联结，使学生真切感受、体验到学习对于自身发展的价值和意义。二要彻底改变灌输为主的授课模式，倡导多样化的教学方式，让学生真正成为学习的主人，让学习真实地发生。缺乏科学有效的学习方法指导，最根本的原因是教师缺乏这样的指导能力，我们这个时代的教师自身就是在一种以死记硬背和大量训练为主要学习方式的教育环境中成长起来的，这种机械的学习方式几乎已经成为本能，而我们的师范教育也未能给予未来的教师一次重新审视、学习"怎样学习"这样一个"补课"的机会，很多教师本身就不是一个好的学习者，"学习科学"成为教师专业能力中严重缺失的部分。解决办法，我想首先应该在师范教育中增加"学习科学"这样一门课程，给予师范生系统的"学习科学"教育。其次是有计划地对在职教师进行学习科学方面的培训，转变教师关于学习的观念，赋予教师指导学生科学学习的专业能力。

3. 传统的学校学习主要是在相对固定的现实空间进行的，数字化、人工智能时代，为师生创造了新的虚拟空间。在具体的教育教学中，现实空间和虚拟空间如何兼容、互补？

数字化、人工智能为学习提供了一个广阔的虚拟空间，在这个空间学习资源更加丰富，学习资源的获取更加便捷，学习者之间的互动更加灵活，学习不再受到时间、空间、内容的限制，泛在的、个性化的学习得以更好地实现。可以预测，这个虚拟的学习空间对个体学习的支持将会越来越大。然则，不论虚拟空间能够发挥多大的作用，它都无法替代现实的学习空间。某种意义上，学习也是一种社会化的活动，个体学习需要来自导师耳提面命的指导，这种指导不仅是知识上的解惑，更是情感和精神上的支持；需要伙伴之间亲密的互动交流，很多社会生活技能也只能是在伙伴的交往中学习到的。现实的学习空间，让人活在现实的生命群体中，才能让人有脚踏实地的真实感，才能有心灵的碰撞与相互滋养，才能培育健康美好的情感，形成积极的学习态度，这些都是虚拟空间很难给予的。因此，在具体的教育教学活动中，二者理应兼顾，相互渗透，互为补充，在现实的学习空间中融入虚拟空间，如将移动终端设备引入课堂，利用虚拟空间打破物理位置造成的阻隔进行分组合作学习、互动交流等教学活动；而在课堂以外的学习中，也不要让虚拟空间成为唯一的学习空间，如可以组建不同的学习社群，组织线上线下相结合的社群共同体学习，实现两个学习空间真正兼容互补。

4. 有一种观点认为，未来的学校会转型为学习中心，各种社会教育机构也会转型为新的学习中心，为学生提供各种各样的学习资源，政府可以通过服务外包或者资源采购的方式购买服务。如果这是即将到来的现实，那么，教育行政部门应该作好什么准备？

我个人觉得，在我们可以看到的未来，学校应该仍是由政府主导的主流教育机构，承担基础性的大众教育职责。当然，未来的学校形态与传统的学校应该会有极大的不同，班级授课的教学组织形式应该会逐渐消失，传统规格相同的班级空间可能会被多种规格和配置不同教学设施的学习中心、学习工场所取代,学习组织形式和学习内容、学习方式都更加丰富多样,教师会更多以指导者、陪伴者的角色出现。社会教育机构可能主要承担个性化、个别化的教育服务,由市场需求决定其发展。作为学校教育的补充,社会教育机构也可以承担部分学校无法完成的教育工作,由政府采用服务外包或资源采购的方式购买服务。不论未来的教育会以一种怎样的面貌呈现,改变是必然的,教育行政部门在这样的趋势面前,应该顺应时代的变化,引导校长、教师转变教育观念,提升现代教育技术素养和课程建设能力,跟上时代的步伐。同时,在学校建设中,具有"未来"的眼光,无论是物理空间建设,还是课程建设,能够考虑到未来的学校变化,融入未来学校的元素,以便逐步转型。

5. 满足学习者的个性需求和终身发展需要,实现学习内容、学习方式乃至学习时间的"精准供给",应该是一种教育趋势。基于中国如此复杂的国情和不均衡的教育现状,您对此有什么看法?

所谓的"精准供给",我理解就是真正实现"因材施教",这在传统的教学条件下几乎是不可能实现的梦想,科技却让我们看到了曙光,真的令人期待!但这估计需要一个漫长而艰难的过程,"不均衡"是中国教育最基本的现状,这种不均衡超乎人们的想象,已经成为中国教育走向现代化的一个巨大瓶颈。今天我们在谈数字化、人工智能,事实上在发达地区这些都已经在悄然改变着教育,而在有些欠发达的地区,教育生态与20多年前相比可能并无显著的差异。相比办学设施的不均衡,师资不均衡更为可怕。据我所知,在福建,很多山区、县的中小学要招聘到福建师范大学的毕业生已经很不容易了,优质的师资越来越集中于大中城市，师资的差异扩大了教育的不均衡。要实现学习的"精准供给"，我个人觉得需要国家层面拿出切实可行的措施，在资金投入和师资队伍建设上，真正向薄弱地区和农村倾斜，实施更加开放灵活的教育政策，举全力努力破解教育的均衡问题，为教育现代化打好基础。

6. 您认为一场"新的学习革命"正在到来吗？为什么？

我以为，这场"新的学习革命"已经初现端倪，并且已经在悄悄改变着一部分人的学习方式。我也相信，这场革命终将席卷全球，最终改变整个教育业态，因为这场学习革命是建立在互联网、人工智能基础之上的，互联网、人工智能已经深刻改变着这个世界，改变势不可当，教育不可能置身其外，由此引发的"学习革命"必将逐渐呈现燎原之势。

7. 请分享一个您自己中小学时代"学习"的故事。

我在中学时代一度沦落为"学困生"，进入初中后，因为疯狂迷上小说，通宵达旦看小说成为家常便饭，上课要么看小说，要么犯困打瞌睡，很少完成作业，学业成绩在全班倒数十名内，是老师眼中地道的"学困生"。真正开始学习，发生在初三的寒假。初三上学期期末，班主任家访时告诉我父母亲，我升学的希望很渺茫，哪怕全县最差的高中恐怕都很困难。受此刺激，我想证明给他看我不但能够升学，而且可以考上县一中。寒假我开启了自学模式，开学后的第一次考试，成绩出来后，老师都带着怀疑的眼光看我，我知道他们以为我作弊了。此后，我的成绩一直稳步提升，中考以不错的成绩上了县一中。这段学习经历一直让我相信人有巨大的学习潜能，想不想学、会不会学是关键，这也让我在为人师者后不敢小看任何一个"学困生"。

8. 人为什么需要学习？请简要谈谈您的思考。

在我看来，人不但需要学习，而且需要终身学习，学习可以看作一场旷日持久的修行，是一个人不断充实自我、丰富自我、提升自我、超越自我的人生旅程。学习不仅关系到一个人的职业发展状态，关乎一个人的生存境遇。更重要的是，学习关乎一个人的精神生长，关乎人能否找到生命的意义和存在价值，您有怎样的学习，就有怎样的精神生活。关于学习，我喜欢孔夫子的一句自我评价："吾十有五而志于学，三十而立，四十而不惑，五十而知天命，六十而耳顺，七十而从心所欲，不逾矩。"夫子的生命境界一直在提升中，几乎每个十年都有一次质变，而这一切皆建立在"十有五而志于学"的基础之上，这便是学习之于人的意义。

《教师月刊》/ 林茶居

追寻对的教育方式
——访孙民云先生

1. 威廉·巴特勒·叶芝（William Butler Yeats）接近老年时对自己有一个评价，他说，随着一生阅历的增加，自己看人生是带着"冷峻的眼，火热的心"。从事教育这么多年，您现在打量教育的眼神，是比任何时候都更温和、更冷静，还是更无奈、更无力，或许各种感觉掺杂在一起，一言难尽？

您这个问题问到了痛处，从事教育30多年了，该见的应该也都见到了，从常理上说，要么我变得麻木，见怪不怪，习以为常，那自然能够"更温和、更冷静"，要么我仍有一颗"火热的心"，但随着年龄增长，性情总应该也要"更温和、更冷静"点吧？否则那些阅历岂不是白增长了吗！但事实上，我却觉得自己经常更峻急、更焦虑，在生活中熟知我的朋友都觉得我脾性变化很大，比年轻时温润太多了，但遇到教育上的一些事情，尤其是遇到一些人为设置的障碍、一些严重违反育人本质的行为的时候，觉得自己更像一个火药桶，随时都处在爆炸的边缘。在愤怒之后，随之而来的可能就是您说的"更无奈、更无力"。

有很多时候，您甚至无法找到敌手在哪里，谁都可以找到自己正确的理由，但问题就是摆在那里无法解决。当然，情况也不尽是如此，面对某些事情，比如薄弱学校改变的困难和缓慢，教师在自身专业上的种种不尽如人意，我似乎远比以前要温和、冷静得多，更能多一分理解，多一分愿意等待的心情，哪怕改变极其微小，但我确信改变在发生，由此我对未来充满信心。这样的时候，我想我是更温和、更冷静，也是更坚定的。所以，其实您已经替我作了回答，一句话，应该是各种感觉掺杂在一起，一言难尽的吧。

2. 您在《追寻对的教育方式》的自序中提到，海沧教育是一块沃土。今天的海沧教育，已是岛外耀眼的明珠。您几乎与海沧教育同步发展，作为海沧教育的参与者、见证者，请试着回答：究竟是什么因素使得海沧教育能有如此之快的进步，有什么暗中的力量？或海沧教育是如何有序推进的，它的优势在哪里，有何瓶颈？请结合具体案例详细展开。

海沧教育能有如此之快的进步，根本的原因就是，"海沧教育是一块沃土"。海沧教育是一块沃土，是因为海沧有相对宽松的教育评价环境，一直倡导教育绿色发展，有所坚持，不单纯以分数评价学校，看到学校的起点，承认学校之间的现实差异，认可每所学校在原有基础上的进步。这样宽松的教育环境，能够让校长、教师以一种从容的心态从事教育工作，不需要急功近利，不需要以牺牲学生身心健康为代价来换取短期目标。海沧教育是一块沃土，还因为海沧原来一直有比较宽松的政策环境，教育的事情自己多数能做主，比如教育经费怎么用，用在什么地方才合理，没有太多的掣肘，教育主管部门基本就可以作决策。海沧的教师培训能够走在全省前列，率先与国内众多高校建立起合作关系，每年组织大量教师赴各地培训，引进上海等异地名师到海沧建工作室；海沧的教育信息化能够成为全国教育信息化应用先进典型，在搭建区域教育云平台、数字校园、智慧教育等方面先行一步；海沧在全市率先启动工资总额包干试点改革，并逐步扩大到更多学校，实现编内编外教师同工同酬，留住了大量的优秀编外教师；等等。这些都有赖于这种宽松的政策环境才得以实现。海沧教育是一块沃土，更因为海沧建区以来，历届的区委、区政府对教育的投入都毫不吝啬，给予了教育发展充足的财力支持与滋养。海沧教育是一块沃土，冥冥之中，似乎还有点运气的成分。从海沧教育起步以来，海沧的历任教育局领导都在自己的任内交出了完满的答卷，都给后来者打下了良好基础，教育一直走在健康的轨道上，有教育情怀，尊重教育规律，不急不躁，既不畏难不前，也不拔苗助长，教育政策、发展理念都保持了很好的稳定性。有了这些，我想海沧教育若还不能取得长足的进步，那可真是没天理了。当然，如果一定要追问，海沧教育发展还有什么特别的因素，我想就是在这块沃土的滋养下，成长起了一支优秀的教师团队，正是这支队伍支撑起了海沧教育的今天。我相信，如果海沧仍能保持上面的那些优势，海沧教育的发展一定会越来越好，未来不可限量。但我担心的是，这些优势有些可能再难保持，某些方面的优势已然丧失，令人忧虑。

3.《追寻对的教育方式》有两篇关于教育科研的文章。没有人否认教育科研的价值，但鲜有人认真思考：教育科研到底是什么？从教育管理者的角度看，如何有效改变区域教育科研的生态，促进学校教育科研的良性发展？

教育科研到底是什么？从广义上说，我个人认为教育科研就是教师对日常教育教学工作进行反思、追问、探寻、改进的行为，具体点说，就是教师具有问题意识、思考意识、改进意识，能够自觉反思教学效果或教学中出现的种种意外并寻求解决之道，能够有意识捕捉那种"灵光乍现"的灵感，逐步总结、把握住一些规律性的东西，从而不断提升教学技艺，逐步形成自己的教学风格。在我看来，对中小学教师而言，这样的教育科研才是最有价值的，它应该是泛在的，每位教师都可以是也应该是研究者，从而推动着每个教师的自我成长。从狭义上说，教育科研应该是在一定理论指导下，运用科学的研究方法，按照一定的规范和步骤对教育的某些现象或问题开展研究，探索寻找本质的、规律性的东西的教育活动，狭义的教育科研基本上以"课题"的形态出现。相比广义的教育科研，狭义的教育科研更加规范，更加有迹可循，更加可以控制、可以检查、可以看到表面的成果。但是狭义的教育科研最大的问题也正在于研究过程的种种技术和规范要求，制约了其推广的可能性，让每个教师都要有课题、都要做课题研究，既无可能，也无必要，强行推广，最可能的结果就是"假、大、空"盛行。我们在改变区域教育科研生态方面做了一些尝试，如实施规范性"规划课题"与草根性"微型课题"双线并进的课题管理策略，既鼓励教师做力所能及的规划课题，也鼓励教师积极申报短、平、快的微型课题，并加强两类课题的过程性指导和管理，强调研究真实问题和开展真实研究，着重培养教师的研究意识、研究能力，逐步形成在研究中工作的习惯。此外，在评价和激励上我们也做了一些工作。一方面，在区域层面的各类评选中逐步淡化"课题"的级别意识，不简单以课题级别和数量论英雄；另一方面，建立教育科研成果的奖励制度，对真正有价值的教育科研成果给予物资和精神上的奖励。既要去除教育科研的功利化，又要建立起正面激励的科研导向机制，这似乎是一件挺矛盾的事情，怎么平衡好很难把握，只能逐步改进。

4. 中国学校真正的教育改革还远远不够，现实中，各种花里胡哨的伪改革却大行其道，可惜难有令人眼睛一亮有价值的东西。近年来，海沧教育引进了学习共同体。为什么引进呢？您的这段话或许是最好的回答：日本教育学者佐藤学先生谓学校变革为"静悄悄的革命"，我喜欢这个意境，学校办学就应该如此，既不喧哗、不浮躁、不攀比，又有愿景、有行动、有担当，静悄悄地就有了自己特色。

"静悄悄地就有了自己特色"，有那么一点浪漫，而浪漫对今天的教育来说，简直是奢侈，尽管教育本质上应该是浪漫的，应该把人教活。海沧学习共同体在严峻的现实面前，遇到的最大挑战是什么？作为教育管理者，践行学习共同体，应如何给学校和教师松绑？可围绕具体案例展开细谈。

学习共同体的推进的确是困难重重，挑战来自方方面面，但其中最大的挑战，我想可能还是改变教师长期固有的教学思维方式、备课方式、组织方式、工作方式。在我看来，学习共同体不仅仅是一种教学方式的改变，某种意义上它还是一种学校生活方式的改变，需要教师以一种相互陪伴、相互支持、相互协作的姿态来完成共同备课、共同观察、共同教研，形成师师、生生、师生三个相互交会的共同体生态圈。这样一种改变过程可能是静悄悄的，但结果却一定是焕然一新的，其困难之大可想而知。海沧推进学习共同体，不为造就某种课堂教学的神话，不寄希望于通过学习共同体大面积提升学业成绩，因此我们的心态是平和的，只激励不批评，不强势推动，不给学校和老师施压，不要求齐步走。我们推动学习共同体，是因为我们确信当下的课堂教学方式已经到了非改不可的地步，是因为我们确信学习共同体可以带给学生更高品质的学习和更幸福的课堂生活，但我们也深知课堂教学的改变是一项系统性的工程，不可能一蹴而就。因此，我们采用的是专业影响、逐步扩大的方式，通过专业的培训和引领来带动一些教师自发走进学习共同体，教育局和教师进修学校因势利导，给老师们提供系统的专业支持，适时组织学术交流研讨活动，搭建学习和展示的舞台，营造学习共同体区域性的氛围。当然，作为分管教育教学工作的副局长，我也会动用一点自己的行政权力，比如某个学校某个教师在学习共同体的改革上孤军奋战，我会找校长聊聊天，希望校长给老师以尽可能的支持；我也会在学习共同体试点学校领导面前和种子教师的群里夸夸我们的实验教师、转发老师们的一些文章等，给老师以道义上的支持。我相信，课堂教学不改不行，等待观望也不行，我们需要立即行动起来，但既然已经等了那么多年，我们还是愿意用一种温和而坚定的方式，边走边聚拢同行者，相信只要方向是正确的，走的人就一定会越来越多。

5. 在教育生态日益恶化的今天，海沧教师的职业幸福感来自哪里？从管理实践上看，海沧为教师的"幸福感"做了哪些有价值的工作？

教师的职业幸福感来自多个方面，如社会地位、工资待遇、工作环境、职业强度、职业效能感等。从海沧的情况看，海沧尊师重教的社会氛围还是比较浓厚，教师能够获得社会比较广泛的尊重，政府一直高度重视教育工作，学校办学条件较为优越，校园环境优美，教师工资待遇即将与公务员持平等，我想这些都是海沧教师职业幸福感的来源。实践上，一是努力提高教师福利待遇，比如实施工资总额包干制度，让编内编外教师同工同酬，给参加工作五年内的教师发放租房补贴、开通农村学校教师公交专线车等,在政策层面给予教师更多的人文关怀。二是关心教师身心健康,加强工会建设,每年组织开展丰富多彩的教职工体育、艺术比赛活动,丰富教师的业余生活;依托教师进修学校和专业心理健康咨询机构举办"教师心理关怀"系列工作坊,为教师提供心理抚慰和可能的帮助等。三是提升教师的职业能力,为教师专业发展提供"全面、全员、全程"的研修支持,实施"书香海沧 教师领航"教师阅读工程,让教师能够更加从容应对职业挑战。四是尽可能创造相对宽松的教育环境,不搞学校排名,强调校与校、教师与教师之间的合作,尽量淡化竞争。没有幸福的教师,就不可能有幸福的教育、幸福的学生,我们希望能够用有限的力量为增强教师的幸福感做尽可能多的事情,但正如您所说"教育生态日益恶化",这是教师幸福的大敌,不制止这种恶化的趋势,谈教师的幸福将是何等奢侈的事情。

6. 阎连科曾在《老师!老师!》一文结尾处写道:"说不出老师哪儿伟大,可就是觉得他伟大;说不出他哪儿不凡,可就是觉得他不凡。也许这个世界本身,是凡人才为真正的伟大,而伟大本身,其实正是一种被遮蔽的大庸大俗吧。"在您看来,"伟大"的老师是什么样子的?请聊聊您心目中"伟大"老师的样子。

伟大的老师是什么样子的?我想正如阎连科说的"说不出老师哪儿伟大,可就是觉得他伟大"。真的很难描述伟大的教师是什么样子的,一个教师的伟大只能在具体的学生心目中,而在旁人看来,也许这位教师就是一个很平凡的人。但我想,一个能够被学生视为"伟大"的教师,仅仅书教得好肯定是不够的,仅仅一般意义上的任劳任怨恐怕也是不够的,伟大的教师,应该能够和学生生命产生一定强度的联结,或者给学生带来某种足以影响其未来的生命启示。在我心中,孔夫子就足以称为伟大的教师。司马迁在《孔子世家》结尾时这样写道:"太史公曰:《诗》有之'高山仰止,景行行止。'虽不能至,然心向往之。"仰慕之情,跃然纸上,这是伟大教师所具有的人格力量。现代管理学之父德鲁克的小学老师埃尔莎小姐,我想也可以称之为伟大的教师。德鲁克回忆起这位老师时是这样写的:"我们不爱这位老师——我想,如果说爱她,对她是一种冒犯,应该说大家都崇拜她。"一个普通的小学老师竟然让学生如此崇拜,说其伟大不过分吧?所以,老师伟大不伟大,谁说的都不算,学生认为他伟大就足称伟大。

7. 从小学到大学,您遇到过恩师吗?您从他们身上学到了什么,或他们对您影响最大的是什么?请举例回答。

从小学到大学,多数时候我在老师眼中应该都不是一个好学生,严重偏科,英语成绩烂到不行,学习还不勤奋,整天抱着小说看,偶尔还翘课。在老师眼里,我估摸着自己就是那种基本可以断定不会有多大出息的学生。虽然我不是好学生,但我觉得自己也还是遇到过很多好老师,比如读初中时教数学的周少春老师,他对待教学认真极了,作业从来都全批全改,而且前一天上交的作业一定能在第二天上课前发到我们手上,从未落下过,这样的工作态度对我影响很大。我后来也成为一名中学数学老师,我也要求自己必须认真对待每个学生的作业,每天都必须及时将批改过的作业本发到学生手上。教初中历史的李文定老师,我一度怀疑东西方上下五千年的历史都装在他心中,否则他怎么可能口若悬河,把历史讲活,听他的课是一种莫大的享受。李文定老师是我成为教师后的标杆，他让我知道专业能力对一名教师的重要意义，也让我有一种追求好课的自觉意识。高一时候的班主任周友初老师对我的影响也很大，周老师关心爱护每个学生，对学生关怀备至，不论优等生还是学困生，都能感受到来自他的关心。我的同桌成绩不好、早恋、时常旷课，算是问题学生，周老师是从城市下放到农村的老师，教了我们一个学期多就回城里了，临走前还特地找我的同桌长谈了一次，我同桌回来和我说起时流了眼泪。周老师让我知道一名好老师应该真诚关爱孩子，应该对孩子一视同仁。

8. 在您看来，今天的课堂存在的最大问题是什么？您理想中的课堂是什么样子的？在课堂教学管理上，您有何心得？该如何从教学改革的视角处理好教与学的关系？

依我的观察，今天的课堂最大的问题是教与学的脱节，学生课堂参与度极低，很多学生完全游离在课堂之外，没有或无法参与到教学中，这种现象越到高年级越严重，形成了越来越大的学困生群体。我理想的课堂是教师教得得法、讲得精要、说得透彻，学生学得主动、兴趣盎然、学有所获，师生在课堂上精神都是愉悦的，都能获得某种程度的生长。其实，这样的课堂古已有之，所谓"教学相长"，大概就是这样的课堂吧。

课堂管理是一门学问，其中有很多科学性、技术性的东西，想要认识"课堂管理"的科学性，《透视课堂》是一本值得学习的好书。但就我个人的经验而言，课堂管理是一件极具个性化的事情，一个受学生喜爱的教师几乎在课堂管理上不用花费什么精力，反之，有的教师几乎把大半的课堂时间花费在管理上，却总是不尽如人意。究其原因，我想课堂管理最根本的还是要靠教师的专业素养和人格魅力，课上的精彩加上人格魅力，课堂管理可能根本就不是个事。

在传统的课堂上，能够真正处理好教与学关系的教师毕竟是少数，那需要极深的专业素养和"技近于道"的教学能力，几乎难以复制和推广。要在普遍意义上处理好课堂教与学的关系，对传统的课堂教学结构进行变革势在必行。让教师成为引导者和陪伴者，通过引导学生主动学习、合作探究，让学生真正成为学习的主人，这应该是课堂的发展走向。就目前所见，我觉得学习共同体是一个可行的课堂教学范式。

9. 请结合您的专业成长历程，可从中提炼出哪些对青年教师成长有益的东西？现在，您对教师工作或教师成长有何新的思考？随着教育、科技等领域的迅猛发展，教师的生存环境及教育需求正发生着深刻的改变。那么，"今天，我们究竟怎样做老师"？

与现在的青年教师相比，我从教之初的成长基本可以称之为"野蛮成长"，没有带教教师，没有各种专业培训，完全依靠自我突围。若说有什么体会是对青年教师有益的，我想主要有两点：一是对教学的责任心。虽然我从教以来带毕业班的成绩在所在县都名列前茅，但我一直很清楚自己的课上得并不好，大约在从教五年的时候，有段时间，为教学瓶颈难以突破痛苦不堪，当时没有一节课上完自己是满意的，我不停地改变教法，又不停地否定自己，几近崩溃，但也正是这种执着，让我在不知不觉中总在进步着。二是读书。对我个人成长帮助最大的无疑是书籍，这种帮助一方面来自平时的阅读积累，另一方面是遇到困难找书籍的习惯，任何难题总能在浩瀚书海中找到解决的方法或某种线索，书籍是我成长路上最可靠的伙伴。

成为一名"好教师"是我对教师成长的期许,成为"好教师"要求似乎并不高,但以我对"好教师"的界定,成为好教师并不容易,至少一些所谓的"名师"离我心目中的好教师相距甚远,"好教师"需要付出极大的努力去追求。"好教师"可以从三个维度去衡量,第一个维度谓之为"明",明自我,有清晰的自我认识,悦纳自己,是一个人格健全完整的人;明学生,了解儿童成长中的困扰,接纳儿童的不完美,有坚定的儿童立场;明教育,对教育的本质有深刻理解,能够坚守教育的"道",教育价值观正确。第二个维度谓之为"能",认识教育科学和普遍规律,了解前沿的认知科学,并能应用于教育;有深厚的学科专业素养,能够俯瞰学科,从学科高度驾驭课程;有较高的教育教学技巧,能够根据课程内容选择最合适的教法和相关的课程资源,能够激发学生主动学习、热爱学习,让不同的学生都能获得自己的发展。第三个维度谓之为"德",有良好的职业精神和教育情怀,敬畏自己的职业,善待与自己相遇的每个孩子,愿意为孩子的成长尽自己最大的努力。

"今天,我们究竟怎样做教师?"我想我在上面已经回答了这个问题。时代巨变对教师的要求自然也应随之变化,但万变不离其宗,好教师"明、能、德"三个维度的内容随时代变化会有不同,但其核心要义不会改变,成为一名好教师就是我对今天教师的期待。

10. 您读书很杂,有哪些读书经验可以跟教师分享?有哪些书对您产生了深刻的影响?

"读书很杂"是批评抑或是一种表扬?有朋友看了我在微信朋友圈晒的一些书后也说过同样的话,文学、教育学、社会学、心理学、哲学、科普等我都不排斥,都有涉猎,说"杂"的确不错,"专"的反面就是"杂",所以我永远都成不了"专家",这是读书的一个教训。

我读书有两种情形,一种是出于纯粹的喜欢,喜欢作者,喜欢某个人物,喜欢那本书中的世界,喜欢那种叙事方式,喜欢那流畅优美的文字等,只要有一点入了我的眼,我就控制不住读的欲望。这类书读起来通常是比较轻松快乐的,读完也未必就能留下什么,可能仅仅只是获得某种精神上的愉悦,但这也就足够了,单纯因为喜欢而阅读,才是人生至乐。还有一种是出于需要,出于职业的需要,出于自我提升的需要,出于读懂这个世界的需要,这类书通常比较专业,术语较多,甚至有的很难啃,但非读些不可。读书是挺个人化的事情,谈不上什么经验,倒是有点"痛悟"可以跟青年教师分享,书海浩瀚,人生苦短,有很多书不一定值得花大把时间去读,还是得有所选择,多读经典,多读好书,甚至也应该"专"些。

对我产生影响的书有不少,很多都融入我的灵魂里,比如鲁迅先生的《呐喊》《故事新编》《且介亭杂文》,托克维尔(Tocqueville)的《论美国的民主》,卡尔·桑德堡的(Carl Sandburg)《林肯传》,托尔斯泰的《战争与和平》,索尔仁尼琴的《古拉格群岛》,王小波的《沉默的大多数》等。教育上对我影响较大的书籍则有苏霍姆林斯基的《给教师的100条建议》《帕夫雷什中学》,怀特海的《教育的目的》,杜威的《民主与教育》,蒙台梭利的《童年的秘密》《有吸收力的心灵》等。

11. 您是理想主义者,还是悲观主义者?请自我定位,素描自己。

我是什么主义者呢?怎么说好像都不准确,或许可以说是一个理想主义者和悲观主义者的复合体吧。大部分时候我对未来还是充满信心的，相信这个世界会越来越美好，不仅仅是科技高度发达，物质极度丰富，社会更加公平正义，更重要的是未来的人类比现在的人类精神世界更美好，他们更有同理心，更包容，更能理解和接纳不同的文化，更追求艺术的生活，因此人类会更加和谐，世界会更少纷争。然则，也有不少时候，我觉得自己很悲观，看不到现实有改变的迹象，甚至某些东西变得更糟糕，比如愈演愈烈的高考竞争，比如越来越精确的量化考核等，会让我感到窒息，某些时候甚至让我感到绝望。幸好，我还是能从那种不良情绪中摆脱出来。我经常想，假如教育不能使这个世界更好，那我们所做的工作又有何意义呢？在这个意义上，我也必须得坚信未来会更好，值得我们为之去努力。

12. 时间金贵，年岁越长，花在书上的时间越少了。世间那么多的好书，您现在及以后最想读哪些书？

真没想过这个问题，所有的好书都值得一读甚至再读，我读书没有什么特别偏好，我相信读什么书有时也是一种缘分，遇到了，恰好又觉得不错，都会去读。从我个人目前的兴趣点来看，今后一段时间内可能会更关注哲学类、社会学类的书籍，至于未来会有什么样的变化，那就不得而知了。

13. 如果时光倒流，让您重新选择，您会选择从事教育吗？

说实话，我是误打误撞进入教育这个行当的，一度曾经相当沮丧，但真正走上讲台后，很快就找到了感觉，课堂让我很有成就感，和学生相处经常让我感动，让我觉得幸福。虽然后来离开了一线教学，但依然服务于学校，服务于教师，对教育有了越来越深的情感。有人说我就是为教育而生的，这太夸张了，但从事教育工作30多年，有时真的会觉得离开教育自己可能连生存的价值都不复存在。从这个意义上看，如果时光倒流，如果我能有双慧眼看到今日的自己，我一定会自愿选择从事教育的。

14. 在您当教师、校长与教育局副局长的生涯中，有无特别遗憾的事情？请举例说说。

无论当教师或校长，我当时都太年轻、太稚嫩了。刚当老师时我才21岁，教初三，比我们班学生大不了几岁，做学生工作完全是凭着本能和热情，课堂教学完全是学自己的中学老师，依样画葫芦而已。当校长时我才27岁，比我们学校多数的老师年岁都小，管理经验欠缺，教育认识模糊，管理难免粗糙，而当时最大的问题是几乎没有什么培训学习的机会，怎么才能教好书，怎么才能办好学校，一切都只能靠自己摸索前行，至今回想，留下太多遗憾，难以尽述。工作上，我是完美主义者，做任何一件事，都希望自己能做到最好，但无论是当老师还是当校长，我离做好都还有很远的距离。可惜时不我待，太早离开一线，很多想做的事都没有做成，这就是我最大的遗憾。当副局长才两年多的时间，一切都还在进行中，有没有什么特别的遗憾，目前还很难说，拭目以待吧。

15. 假如明天就退休，您最想做什么？人到中年，往后余生，您还有哪些最想实现的心愿？

假如明天就退休，我最想做的事情就是回到老家，在农村找块地，建一栋小房子。房子前面挖个小水池，引入山泉，池里养上几尾鱼，池边上种上几棵梨树、桃树，房子后面若有空地最好还能种上几畦蔬菜；平时能够有大把的时间看书，写点小文章，精神不济了就侍弄侍弄花草蔬菜，偶有朋友来访，就着自家种的有机蔬菜小酌几杯,此生足矣。人到中年,或许说人到准老年可能更准确,心虽未冷,但世情基本已然看透,踏踏实实能做多少事就做多少事吧,哪有什么最想实现的心愿呢。

《教师月刊》/ 朱永通

让我们的童年回归大地
——关于自然教育和天性成长的一次对话

1. 孙局您好,今年上半年,省教育厅联合省林业局等十五个部门出台了《关于加快推进自然教育高质量发展的指导意见》(以下简称《意见》),对在全省范围内开展自然教育提出了明确的意见。从一个教育人的角度来看,您理解中的自然教育是什么样的?

吴主任好,乍一看到"自然教育"这个词组时,我头脑里闪现的是卢梭的"自然主义教育"。卢梭对儿童教育有一段广为人知的论述:"大自然希望儿童在成人以前就要像儿童的样子。如果我们打乱了这个次序,我们就会造成一些早熟的果实,它们长得既不丰满也不甜美,而且很快就会腐烂,我们将造成一些年纪轻轻的博士和老态龙钟的儿童。"卢梭所谓自然教育就是要服从永恒的自然法则,按照生命的生长规律,让孩子从生活和实践中获得有益的知识和天性的自由发展。卢梭的自然主义教育思想对消解教育的过度功利化、工具化无疑是有重要意义的。

学习了省教育厅联合省林业局等十五个部门出台的《意见》,

方明白您说的"自然教育"指的是"依托自然资源,引导公众亲近自然、认知自然、热爱和保护自然的教育活动"。其教育对象虽是社会大众,但青少年当然是其中最重要的那部分人。我理解的是,从教育内容看,文件所说的自然教育是关于自然认知与情感的教育;从教育方式看,自然教育是走进自然,以体验、实践、感悟为主的教育;从教育目标看,旨在通过自然教育让公众更好地认识自然、热爱自然、敬畏自然、爱护自然,用更通俗的话来说,自然教育要让我们明白自己的来处和归属,人是自然之子,爱护自然本应是人既有的天性。地球是人类赖以生存的家园,人与自然和谐相处,主动自觉维护良好的自然生态环境,是人类社会永续发展的基础。在我看来,推动自然教育,无异于发起一场地球保卫战,一场让人类回归纯朴自然天性的人性保卫战,一场让人类能够拥有美好未来的生存保卫战。从这个意义上说,自然教育功在当代,利在千秋。

2. 您的职业生涯经历了闽东北山区到闽西南沿海的巨大跨越,涉及森林、草甸、海洋、城市公园等多套自然系统,您觉得这些系统之间有何异同?基于这些自然系统而开展的自然教育需要注意哪些内容?

我倒没有觉得这些系统之间有什么本质的不同,闽东山区入眼即是高山峡谷,爬到大山顶上,极目远望看到的是或连绵不绝或重重叠叠的山,你看不到山那边是什么,你也不知道山的尽头在何处,山的雄浑壮阔,山的广大幽深,既能让你顿生豪情,也会让你感到自身的渺小而心生敬畏,端看你那时那地的心境。闽东北山高林密,涵养了丰富的水资源,小涧小溪纵横交错,溪流随山势而变,形态极为丰富,或湍急跌宕,或缓缓而行,或汇聚成潭,也总会给你不同的感受,走进自然中,自然给予人的启示因人因时可能都不一样。记得读初三时,有段时间我陷入了生存了无意义的迷茫中,有次在一场暴雨后被好友拉去九龙漈观瀑。来到最大的二级瀑布,巨大的水帘从70多米的空中摔下来,发出隆隆巨响,水汽漫空,气势磅礴,让我震撼不已,蓦然醒悟,证明自己来过这个世界,也许就是生的意义。所谓心与境合,大概就是如此吧,这也正是自然的神奇博大之处。大道不言,却无处不在。来到厦门,住处离海边不过几十米,出门走几分钟,看到的就是海,说来奇怪,观山看海,在我心中竟无多少不同,辽阔天宇下,无论是重峦叠嶂,还是茫茫大海,都一样让我敬畏和感动,天地悠悠,人不若芥子,能成为智慧生灵中的一员,拥有感受、思考、表达、交流的能力,能够用自己的内心与自然对话,能够感受自然的伟力和无与伦比的美,这是多么奇妙、多么偶然的事情,我不能不由此对自然心生感激。在我看来,无论哪套自然系统,自然既是神秘的,也是丰富的,亲近她,聆听她,感受她,敬畏她,也许她都可以给您所需要的馈赠。当然,从自然生态系统的多样性来看,厦门的确具有得天独厚的条件,山海交融,气候宜人,有高度现代化的城市,也有保存完好风貌的闽南村落,自然教育资源极为立体丰富。

  至于城市公园,说实话,我对公园总是兴致缺缺,很少走到城市公园中,总以为城市公园少了点"自然"的气息,而多了人工雕琢的匠气。无论多么高明的匠人,又怎么比得上自然的鬼斧神工呢?我相信能让我流连忘返,能让我为之感动的,大概只能是自然,当然这只能归咎于我个人的偏见。不过,城市中的一些森林公园不在此列,如厦门植物园、天竺山森林公园,保留着良好的自然生态,并不比我所见的闽东北的大山逊色。郊区中的一些农业公园,将自然与人们的生产生活完美融合在一起,自然的灵动中弥漫着一股人类生活的气息,也是自然教育的好去处。

无论基于哪套自然系统开展自然教育,走进自然中,个人以为都应该要避免陷入"我说你听"的说教套路中。要记住,在自然中,自然就是最好的老师,让学生自行沉浸到自然中,打开心灵,用身体和心灵去感受自然、聆听自然,在体验、对话、动手中去想、去悟才是最好的自然教育,教师作为"教育者"的角色可以退后一点,再退后一点。

3.《意见》明确指出要"依托全省自然保护地、城市公园、乡村公园、科普场馆等各类资源,引导社会组织、志愿者和社会公众广泛参与自然教育,提高自然教育覆盖面,推动自然教育工作规范化发展,逐步构建完善的自然教育体系"。这里的体系既包括覆盖全省的大体系,也包括各区范围内的小体系,从海沧区自身情况而言,目前已经建构了或者打算建构一个什么样的自然教育体系?它的独特之处在哪里?

依我的理解,自然教育体系应该包括自然资源体系与自然资源教育利用体系两个子系统。对海沧来说,自然教育的资源体系应该已经比较完备,天竺山森林公园、大屏山郊野公园、几十公里长的海岸线、观光与种植一体化的香草园、现代农业基地、中医药种养基地、美丽乡村、现代工业园区等,形成了一个集人文与自然、海洋与山岳、传统与现代为一体的自然教育资源体系。这个自然教育资源体系为自然教育的开展提供了良好的基础,如何利用这个体系让自然教育更好地发生是我们正在着手做的工作。以往海沧的自然教育还处于散点开花状态,学校利用丰富的自然教育资源和各类中小学生实践基地开展各具特色的自然教育研学活动,一些学校也利用这些资源开发了校本课程,实施更系统、更有深度的自然教育,都取得了良好的教学效果。目前,我们正在建设一个集科技教育、自然教育、生命教育、劳动教育、审美教育、乡土教育于一体的中小学生研学实践基地，未来我们会依托这个基地，将区域内的自然教育资源串联起来，开发系列化的研学课程，实施从小学到高中，由浅入深、由点及面的系统研学活动。其特色是以基地为依托，覆盖市区校三级的优质资源，动静结合，各类教育互相融合，相辅相成，逐层进阶，渐次内化，而自然教育将作为其中重要内容贯穿始终。

4.《意见》明确指出要"深度挖掘具有福建特色的自然属性及特色文化……打造一批具有显著地域特色的自然教育知名活动品牌"。在这方面，海沧已经先行先试。比如，2014年，位于海沧湾畔的天心岛小学成为福建省第一个"全国海洋意识教育基地"小学，类似的例子还有哪些？在推进这项工作时是怎么考虑的？海沧区在打造自然教育品牌方面下一步还有哪些打算？

海沧的自然教育有一定的基础和历史，早在2005年，海沧延奎小学与厦门市观鸟协会就合作开设了"观鸟课程"，协会的专家和观鸟爱好者利用假期带领孩子们到野外观察各种鸟类的生活习性，救护意外受伤的小鸟，通过"观鸟"这个载体，让孩子们走进自然，和自然交朋友。此外，海沧洪塘小学开发的"走进天竺山"、海沧中学开发的"神奇的红树林"校本课程也都是利用学校所在社区附近丰富的自然资源顺势开展自然教育。近几年，海沧青礁小学、华中师大海沧附属小学开设的"中草药"校本课程，同样也是利用宋代名医吴本（赐封保生大帝）在当地行医流传下来的丰富中医药学资源，在学校开辟青草药园，编制青草药校本教材，以"青草药"为载体，弘扬传统文化和实施自然教育。2017年，海沧区更是携手北京师范大学，系统梳理区域内生态环境资源与现代工业生产带来的环境问题，编写了从小学直至高中阶段的《海沧区生态环境教育课程》，将课程嵌入科学和地理教学中，进行系统的自然生态环境保护教育。应该说，开发和实施这些课程，既有立足当地资源创建学校特色的考虑，更有通过这些课程的学习，让孩子的生命与这片土地发生真正的联结，真正认识这片土地、喜爱这片土地、保护这片土地的考虑。打造海沧自然教育品牌，从区域层面上，我想还是要站在海沧这片土地上，依托海沧中小学生研修实践基地建设，将海沧的山、海、湖这些自然资源与海沧传统的中医药文化、耕读鱼樵文化以及现代高科技生物医药、现代农业融合起来，将自然与社会、人文与科技结合在一起，开发以项目化、研究性、实践性学习为主要学习方式的研学教育系列课程，自然教育将完美地融合在这个系列课程中。

5. 研学旅行是推进自然教育的重要手段。海沧区教师进修学校许耀琳老师曾在《三角形是最稳定的结构——厦门市海沧区以家校社协同育人为抓手推动五育融合的实践和体会》一文中介绍海沧区研学基地建设的情况，学校与乡镇合作开发劳动实践基地让学生亲身体验农耕生活的实践，让学生回归田园、回归土地，某种程度上也是自然教育的一种表现形式。能否具体介绍一下这方面的内容？

许耀琳老师《三角形是最稳定的结构——厦门市海沧区以家校社协同育人为抓手推动五育融合的实践和体会》一文对海沧区研学基地建设情况有所介绍，这个基地目前还只是一个雏形，完整的架构还在建设推进之中，具体的建设思路我前面也有介绍过，不再赘述。学校与社区合作开发劳动实践基地的确是很好的自然教育途径，尤其对城市孩子来说，自然在他们眼里处处都是新奇的，人类本是自然之子，年龄越小的孩子，自然对他们越是充满诱惑，换言之，自然教育越早开始效果越好。海沧许多学校在这方面做了很多颇见成效的探索，如海沧天竺幼儿园开发了"食育"课程，不仅充分利用幼儿园自己的空间，在园舍楼顶开辟了蔬菜种植园，利用走廊空间开辟了蔬果草药长廊，还与社区合作建立了幼儿园专属的"农场"——占地整整三亩的"咱厝小田园"。社区志工、家长、教师和孩子们一起在田园里种植各种时令农作物，从播种到生成期间的照料，从采摘再到制作成美味佳肴，幼儿全链条亲身参与其中，观察植物的生长，接受自然的馈赠，享用劳动的果实，这应该就是你所说的"回归田园、回归土地"的自然教育的一个成功典范。

6. 开展自然教育势必要让师生直面大自然最真实的样子，这就意味着一定程度的危险性，在保障师生安全、顺利开展自然教育方面，海沧区有哪些具体举措？

诚如你所说，开展自然教育势必要让师生直面大自然最真实的样子，势必要走出校门，其间自然不可避免会存在一定程度的危险性，但我以为这种危险是在可接受范围内的危险，也是可预防、可控制的风险，不应当成为开展自然教育的阻碍。当然，安全无小事，在具体开展自然教育的活动中，必须把安全防范工作做到极致。我们在预防各种危险发生方面，一方面是加强安全预案的管理，活动前要作充分的风险评估，考虑到各种可能的风险点，逐项排除或加以预防，要确保风险可防可控，并在此基础上制定安全应急预案。一旦发生问题，要保证预案能够立即启动并顺利实施。另一方面，加强对活动全流程的管理，要落实责任，保证事事有人管，有人负首责，如交通、饮食、可能的突发自然灾害等，都要有相关处置流程和责任人来负责。此外，所有出校园的研学活动，都必须为师生购买意外伤害保险，以保证万一有难以避免的伤害发生后能够有可靠的医疗救助保障。

7. 自然教育不是学校单方面可以推进的，需要家校社协同合作，海沧区在这方面有哪些思考？

的确，自然教育不是学校单方面可以推进的。事实上，良好的教育一定是家庭、学校、社会三方合力的结果。海沧教育在开门办学上本身就有比较好的传统，社区、企业、机关事业单位普遍比较重视和支持教育，许多家长也热心学校事务，主动参与学校志愿服务，学校也乐于联手社会各方推动家庭教育，为家长成长搭建各种平台，家校社协同合作有良好的基础。未来，海沧还将搭建家长云学校为家长提供资源丰富、获取便捷的线上学习平台和可以适时交流、适时获取专家帮助指导的线上互动平台。家长云学校将与学校、社区家长学校双轨并进，互相补充，助力家长与孩子共同成长，将家长关心、支持、参与教育的力量汇聚起来。依托中小学生研学实践基地，将区域内公园、企业、社区、农场集成到基地教育体系中，集结各种教育资源和力量，构建一个全社会共建共享的自然教育大平台。

8. 自然教育要从零散、个别、自发的行为上升到体系化、组织化和自觉化的行为，势必需要相应课程体系的支撑，海沧区在围绕自然教育开发校本课程、地方课程等方面有哪些尝试？

这个问题我前面的谈话有涉及，海沧以往的自然教育课程开发、建设的主体主要是学校和区教育局，如天心岛小学的"海洋文化"系列课程、洪塘小学的"走进天竺山"、海沧中学的"神奇的红树林"、华师附小等学校的"中草药"系列课程等，都是以学校为主体开发建设的。课程的开发建设主要由学校相关学科教师担纲负责，并充分利用当地社区资源，聘请校外专家指导，边实践边完善，逐步形成比较系统、完善的自然教育课程。"海沧生态环境保护课程"的开发主体则是区教育局，由区教育局牵头地理、科学等学科骨干教师组成课程开发建设组，聘请北师大课程建设、生态环境保护等方面的专家全程指导和共同研究编制课程纲要、教材，联系区环保局、工信局、国土资源局等部门参与课程建设前期调研、成果论证等工作，历时一年形成试用教材，试点投用后再经多次调整优化才最终定稿在全区推广使用。这些课程的建设，为海沧区今后开发建设更高品质的自然教育课程积累了大量有益的经验，奠定了良好的基础。

吴炜旻